普 通 高 等 职 业 教 育 规 划 教 材
21世纪卓越汽车应用型人才培养专用教材

汽车市场营销实战

组　编　中锐教育研究院
主　编　李海燕　刘　韵
　　　　邹文龙　张伟国

同濟大學 出版社
TONGJI UNIVERSITY PRESS

内容提要

本书根据德国工商大会(IHK)的教学模式和教学标准，结合中国汽车企业人才需求标准，将引进的德国汽车技术服务类课程经过本地化改编而成。内容组织上以工作过程系统化为导向，以学习情境为教学单元，将工作过程系统地映射到教学过程中。通过完成学习情境中设定的任务，采用资讯、小组讨论或情境演练、检查评估等教学环节达到培养学生专业能力、个人能力、社会能力的教学目标。

本书是中锐华汽教育推出的汽车技术服务与营销专业课程系列教材的第3个学习领域“汽车市场营销实战”。全书共分为7个情境，17个任务，共48个课时。内容包括：认识汽车市场营销，汽车市场营销环境分析，汽车消费者购买行为分析，汽车市场调研，汽车市场营销策略制定，汽车制造商市场活动策划，汽车经销商市场活动策划。

本书用于高等职业院校汽车服务与营销专业学生课堂使用，随本书配套有相应的电子版教学资源文件包供广大师生教学和学习使用。

图书在版编目(CIP)数据

汽车市场营销实战/李海燕等主编. --上海：同济大学出版社，2013.8（2016.7重印）

ISBN 978-7-5608-5211-9

Ⅰ. ①汽… Ⅱ. ①李… Ⅲ. ①汽车－市场营销学－高等职业教育－教材 Ⅳ. ①F766

中国版本图书馆CIP数据核字(2013)第189060号

普 通 高 等 职 业 教 育 规 划 教 材

21世纪卓越汽车应用型人才培养专用教材

汽车市场营销实战

组编 中锐教育研究院 **主编** 李海燕 刘 韵 邹文龙 张伟国

责任编辑 陈佳蔚 **责任校对** 徐春莲 **封面设计** 王 璐 **项目执行** 陈佳蔚 王 璐

出版发行 同济大学出版社(www.tongjipress.com.cn 地址：上海市四平路1239号
邮编 200092 电话 021－65985622)

经　销 全国各地新华书店

印　刷 常熟大宏印刷有限公司

开　本 889 mm×1194 mm 1/16

印　张 10.5

印　数 3001-4000

字　数 336 000

版　次 2013年8月第1版 2016年7月第2次印刷

书　号 ISBN 978-7-5608-5211-9

定　价 28.00元

普通高等职业教育规划教材
21世纪卓越汽车应用型人才培养专用教材

编审委员会

序(一)

职业教育与普通教育的显著差别,在于职业教育是一种跨界的教育。职业教育所具有的这一跨界特征,集中表现在如下三个方面:

其一,校企合作的办学模式,跨越了传统的只有学校一个学习地点的围城,由此,职业教育既要关注学校教育的规律,还要关注企业教育的规律;

其二,工学结合的人才培养,跨越了传统的只有课堂一种学习方式的视域,由此,职业教育既要关注基于认知的学习方式,又要关注基于工作的学习方式;

其三,职业教育的培养目标,跨越了传统的只有教育一种社会功能的范畴,由此,职业教育既要关注教书育人张扬个性的教育目标,又要关注服务经济社会发展的目标。

纵观世界,凡是职业教育比较发达的国家,例如,德国、瑞士的"双元制"职业教育、澳大利亚的"技术与继续教育"等,正是由于其遵循了这一跨界的基本规律,都为各自国家经济、社会的发展,提供了大批高质量、高素质的技能人才,使得职业教育成为国家核心竞争力的要素。

任何类型的教育,课程始终是人才培养的核心。跨界的职业教育,其课程也必然要遵循跨界的基本规律。20世纪末,德国"双元制"职业教育对课程进行了全方位的改革,提出了被称为"学习领域"的课程方案。这是在对传统的、基于知识存储的学科系统指向的课程的革命性突破的基础之上,所提出的一种现代的、基于知识应用的工作过程导向的课程。

德国职业教育发展的这一宝贵经验,为中国职业教育的改革提供了学习和借鉴的参照。伴随着中国改革开放30多年的进程,中国职业教育如何才能为国家现代化建设培养大批既能满足经济发展需要,又能满足个性发展需要的高素质技能人才呢?为此,我国职业教育战线的有识之士,紧密结合国情,对此进行了卓有成效的探索。近十多年来,随着德国基于工作过程的学习领域课程的引入,也引发了我们对职业教育课程本质的思考:要实现企业需求与个性发展的集成,进而实现职业性与教育性的结合,一方面要求课程改革必须从知识的存储为主转向知识的应用为主;另一方面,还要求学习国外的经验必须从简单照搬转向借鉴创新。近年来,在课程改革的过程中,我们通过融入中国哲学思想的本土化尝试,在德国工作过程导向的课程方案的基础上,提出了工作过程系统化的课程方案,从而在理论创新和实践探索方面,都取得了较大的成效。

所谓工作过程系统化课程,其本质在于:第一,课程体系的构建必须遵循职业成长的规律和认知学习的规律,要把功利性的需求与人本性的发展结合起来;课程体系中的每一门课程,都是一个经过教育学的"模式化处理"的、源于实践而高于实践的完整的工作过程,课程名称采用动宾结构的词组而非纯名词的词组,以突显职业教育的特征;第二,每门课程的设计必须由三个以上的学习情境构成,旨在通过基于同一范畴的三个以上工作过程的比较学习,使学生通过"比较—迁移—内化"的学习过程,获得思维方式的训练,以获得可持续发展的能力。在这里,学习情境的设计还要遵循两个重要原则：一是学习情境的设计必须具备典型的工作过程特征，即要突显不同职业在工作的对象、内容、手段、组织、产品和环境等六个要素的特征，这是对已经存在的、与职业相关的具体工作过程的映射与把握，旨在使学生获得从业的职业能力；二是学习情境的设计还必须实现完整的思维过程训练，即要完成逐步增强的所谓资讯、决策、计划、实施、检查、评价的“六阶段”训练，这是对指导一切具体工作过程的“工作过程”——思维工作过程的概括与抽象，以应对未知的职业具体工作过程，旨在使学生获得致力于自身发展的方法论能力。

令人欣慰的是，近年来，工作过程系统化课程已逐渐为广大职业院校所认同。职业教育的课程，已逐渐摆脱传统的学科结构系统化课程的束缚，向着更加符合职业教育规律的工作过程系统化课程的改革方向前行。而更加令人高兴的是，除了教育部门的职业院校和经济部门的行业企业，在职业教育受到越来越多的社会各界重视和关注的同时，国内的一些教育集团或公司，更是对职业教育注入了极大的热情，并身体力行，在职业教育的课程开发和教学软件等方面，做出了很大贡献。

其中，致力于职业教育投资、管理和服务的中锐集团公司，就是众多成绩和效果都比较突出的公司中的一个。中锐集团公司顺应市场需求，以汽车职业教育为龙头，与国内40多所高校共建汽车职业教育汽车学院与实训基地，并结合国内汽车企业相关岗位的用人标准及国内高职院校的实际情况，在参照德国“工作过程导向”的学习领域课程方案的基础上，根据我国自行开发的工作过程系统化课程的理论创新和设计思路，编写了一套相关教材。

例如，“汽车检测与维修专业”，首先，在课程体系的开发方面，设置了17个学习领域。这17个学习领域课程被分为三个学习阶段：第一阶段以学习汽车维护保养和机械结构检修为主，第二阶段以学习汽车电控系统检修为主，第三阶段以学习汽车综合故障诊断和整车性能检测为主。这样的递进安排遵循了由浅入深、由简单到复杂、由经验到策略的技能成长规律；其次，在每门课程的开发方面，又为每一学习领域设置了三个以上的学习情境，每一学习情境又都是一个完整的工作过程，遵循比较—迁移—内化的学习规律。

在逻辑上，这些学习情境之间具有平行、递进和包容等关系。比如，“汽油发动机管理系统故障诊断与维修”学习领域，设置了“空气供给系统检修”、“燃油供给系统检修”、“点火系统检修”、“排放系统检修”、“综合故障检修”等5个学习情境，前4个学习情境之间为并列关系，第5个情境与前4个情境为包容关系。每一学习情境的内部结构，也是按照完整的工作过程序化的，如在“空气供给系统检修”这个学习情境中，根据故障检修的实际工作顺序，又分为“空气流量计的检修”、“进气压力传感器的检修”、“节气门体的检修”三个阶段性的任务。

由于课程设计始终遵循“操作步骤重复而内容不重复”的工作过程系统化原则，通过对5个学习情境所体现的检修工作过程的比较，不仅能使学生把握“空气供给系统检修”的具体工作过程，而且能逐渐把握“资讯、决策、计划、实施、检查、评价”的思维工作过程。其中，在“资讯”环节给出汽修行业操作规范的共性的操作步骤；在“计划”和“实施”环节，要求学生结合在教学中使用的多种不同实训车型，制定出差异化的工作计划并实施；然后通过对不同实训车型的重复多次的操作，不仅可使学生达到职业要求的熟练操作程度，而且又通过对不同实训车型制定不同实施方案的比较学习，有利于培养学生应对同一工作过程中出现的不同情况而采用不同处理方法的能力，最终实现由经验型技能向策略型技能的跃迁。

中锐教育集团在研发这套教材的同时，还开发出了配套的教学设备和教学软件，实现了课程教材、教学设备、教学软件三个教学元素的一体化。这就使得职业教育的课程开发、教学实施，获得了相关教学资源的支撑。

总之，这套教材不仅引入了德国的“双元制”职业教育理念，而且结合了中国汽车行业对人才的需求和岗位要求，体现和反映了中国汽车行业的一些特点。

真诚希望中锐教育集团公司这套教材的出版，能对我国汽车职业教育的教学改革和创新有所裨益，也期待有更多的教育公司等社会机构，参加和参与职业教育。

同样，祈望各位读者朋友们，也能对这套教材提出宝贵的意见和建议。

升级版的中国经济发展，呼唤着升级版的职业教育，让我们为之奋斗吧！

（教育部职业技术教育中心研究所研究员）

2013 年 7 月 20 日

Vorwort

Gerne komme ich der herzlichen Einladung der Chiway Education Group Shanghai nach, dieses Vorwort zu verfassen.

Bereit seit Jahren verfolge ich äußerst interessiert die Entwicklung der Chiway Education Group Shanghai im Bereich der beruflichen Bildung. Dabei beindruckt mich insbesondere ein derzeit laufendes, innovatives Berufsbildungsmodell, das sich durch die Kooperation zwischen Industrie und Schule auszeichnet.

Der Austausch und die Kooperation zwischen China und Deutschland im Bereich der beruflichen Bildung entwickeln in einer sehr positiven Art in schnellen Schritten immer weiter. Die AHK widmet sich dabei intensiv dem Transfer dualer Prinzipien des bewährten deutschen Systems der dualen Berufsausbildung nach China.

Nach mehrjährigen Erfahrungen bei der Übertragung und Durchführen wurde immer klarer, dass wir in China andere Voraussetzungen als in Deutschland vorfinden. Daher kann und darf das deutsche System der dualen Berufsausbildung nicht einfach kopiert werden.

Jedoch hat die Idee der dualen Berufsausbildung in China bereits fruchtbaren Boden gefunden um sich weiter zu entwickeln und alle beteiligten Parteien wie berufliche Schulen, Berufsbildungsgruppen und Unternehmenkönnen davon profitieren.

Chiway, als eine markführende Berufsbildungsgruppe hat bereits viele interessante Erfahrungen mit dem Berufsbildungsmodell gesammelt und konnte dadurch große Erfolge erzielen. Bildungsaktivitäten wie Curriculum Entwicklung, Unterricht, Zusammenstellung der Lehrbücher, Einführen der praktischen bzw. betrieblichen Ausbildung seien hier beispielhaft angeführt.

Durch den Aufbau einer strategischen Kooperationspartnerschaft mit der AHK stärkt Chiway zugleich die Kooperation und den Austausch mit Deutschland im Bereich der beruflichen Bildung.

In Deutschland benutzt man eine Vielzahl von Lernmaterialien, unter anderem sollen die Schüler Arbeitsaufträge erledigen und Arbeitsblätter bearbeiten. Bereits in die Unterrichtsvorbereitung muss der Lehrer viel Arbeit und pädagogisches Geschick legen. Im Unterricht werden die Schüler arbeitsprozes-sorientiertherangeführt Arbeitsblätter zu bearbeiten, Arbeitsaufträge zu erledigen, und Projekte selbstständig durchzuführen. Hierdurch stehen die Schüler im Unterricht im Mittelpunkt und werden zum aktiven Lernen motiviert.

Die Situationen in Deutschland sind anders als in China, auch der Markt in Deutschland ist anders, d.h. der Markt in Deutschland dafür reifer als in China. Die deutschen Arbeitsaufträge oder Arbeitsblätter einfach unverändert in chinesische Lehrbücher zu übernehmen kann sicherlich nicht erfolgreich sein. Daher hat Chiway die deutschen Ideen zur dualen Berufsbildung, die vom Ausbildungsumfeld und den betrieblichen Bedürfnissen ausgehen aufgegriffen und innovativ auf die chinesischen Verhältnisse angepasst.

Die praxisorientierte Durchführung der Berufsausbildung durch Chiway bringt uns viele wertvolle Erfahrungen beim Transfer der deutschen Berufsbildung nach China. Die innovative Entwicklung der chinesischen Berufsbildung wird davon profitieren und sich auszahlen.

Ich wünsche Chiway weiterhin viel Erfolg im Bereich der beruflichen Bildung.

Britta Buschfeld

2013.7

序(二)

应上海中锐教育集团盛情之邀，为这套教材作序。实际上近些年个人一直在关注中锐的职业教育工作，吸引我的是其正在实践和创新的产教合作职教模式。

中德之间在职业教育领域的交流和合作一直在蓬勃进行当中，德国工商会也一直致力于把德国的职业教育体系双元制原则引入到中国。经过不断地尝试和实践，我们发现，中国与德国国情不同，无法照搬照抄德国双元制职业教育体系，但双元制的职业教育理念在中国获得了丰富的土壤，职业院校、职教集团、用人企业都获益匪浅。中锐作为一家领先的职业教育集团，在职业教育模式上做了很多有趣的尝试并获得了很大的成果，其中就包括在课程开发、教学、教材编写、学生实习实训等教育活动中引入德国的双元制职业教育理念。同时，中锐也通过与德国工商大会上海代表处建立战略合作关系加强了与德国职业教育领域的合作和交流。

实际上，原汁原味的德国职教模式在教学中使用多种素材，其中包括项目单或工作页，教师在课堂下做足工夫，课堂上按照项目教学法及面向工作过程教学法引导学生完成项目单或工作页内容的填写，充分发挥学生在教学中的主体作用，调动学生学习的主动性和积极性。中国与德国国情不同，汽车市场的发育成熟度也不一样，在教材内容的选择上，简单照搬德国项目单或工作页上的内容显然是行不通的。对此，中锐在引进和吸收德国职业教育的思想和理念基础上，根据教学环境、企业需求等实际情况进行了本土化的创新。

中锐的职教实践为我们总结出了很多值得借鉴的德国职教模式中国本土化的宝贵经验。中国职业教育的创新发展必能从中获益。

祝愿中锐教育集团在职业教育领域再创辉煌！

Britta Buschfeld

（德国工商大会 职业培训与教育总监）

2013 年 7 月

前　言

中国经济的快速发展为汽车产业插上了腾飞的翅膀。截至2012年，我国汽车工业再次取得了良好的成绩，全国汽车产销分别为1 927.18万辆和1 930.64万辆，同比增长4.6%和4.3%，比上年同期提高3.8%和1.9%，增速稳中有进。产销突破1 900万辆，再次刷新了全球记录，连续四年蝉联世界第一。

我国汽车市场的巨大潜力，吸引了国外汽车公司和国内资本争相投资汽车工业。随着汽车市场经济的快速发展及买方市场的到来，汽车企业不仅重视生产技术，也开始重视营销，使得我国汽车工业进入了激烈的竞争阶段。面对竞争激烈、复杂多变的汽车市场，汽车厂商也越来越清楚地意识到市场营销的重要性。为了在市场竞争中取得主动，汽车厂商必须研究市场营销策略，努力提升现有汽车营销人员的素质，培养和造就更多的新型汽车营销人才。

本学习领域是中锐华汽教育推出的高等职业院校汽车技术服务与营销专业12个学习领域中的第3个学习领域，是培养汽车市场营销相关岗位的核心教材，适用于高职院校有一定汽车商务沟通基础技能的学生使用。通过该领域的学习，使学生能够掌握策划和开展汽车市场营销活动的实际技能，为日后从事相关岗位的工作打下坚实的基础。

本书共分为7个学习情境，17个任务，共48个课时。内容包括：认识汽车市场营销，汽车市场营销环境分析，汽车消费者购买行为分析，汽车市场调研，汽车市场营销策略制定，汽车制造商市场活动策划，汽车经销商市场活动策划。

本学习领域对市场营销的基本原理与相关理论知识不作深入、细致的讲解，而是通过采用大量案例分析的方式帮助学生认识和掌握汽车营销知识，并在“任务”中通过多种情境演练及小组讨论的方式，使学生体验汽车市场营销的过程，并具备策划和组织汽车市场营销活动的能力。

本书由李海燕、刘韵、邹文龙和张伟国主编。在本书的编写过程中，机械工业教育发展中心主任陈晓明、教育部职业技术教育中心研究所研究员姜大源、德国工商大会(IHK)上海代表处职业培训与教育总监白丽塔(Britta Buschfeld)等给予了指导并提出了许多宝贵意见，在此深表感谢。

由于编者水平和能力有限，书中难免会出现一些错误，敬请广大师生谅解和批评！

编　者

2013年8月

前言

目 录

学习情境 1　认识汽车市场营销

学习目标

1. 能够认识市场营销的理论和方式；
2. 能够掌握汽车市场营销的观念；
3. 能够掌握世界汽车市场的现状与趋势；
4. 能够掌握我国汽车市场的现状与趋势。

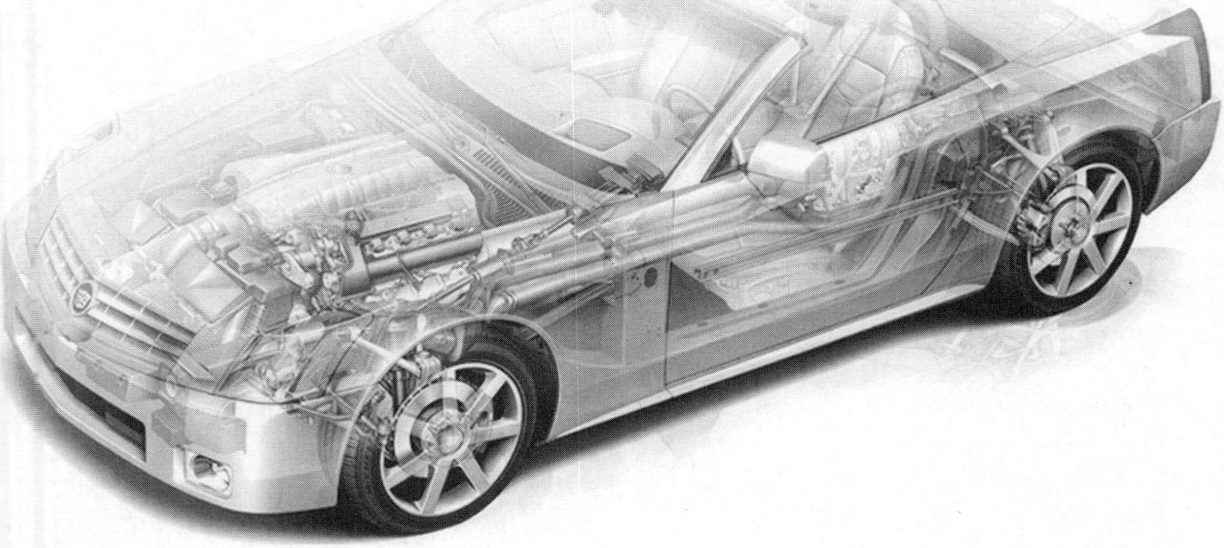

情境导入

随着我国市场经济的发展及市场竞争的加剧，当前的汽车市场正经受着严峻的考验。国家针对新能源汽车的使用出台了一系列的政策、法规，鼓励使用小排量、低能耗的环保代步工具。为了更好地适应市场需求，汽车公司都改变了过去的固守自己的核心业务，对一些小市场不屑一顾的观念。

上海通用及时推出了一款油电混合动力车型——君越 Eco-Hybrid。其利用自身产品的优势，很好地把握了市场机会，制定出完整的营销战略，对产品进行了准确的定位，并通过一系列的营销组合战略与战术，使这款车型无论在销量上还是在市场影响力上，都取得了一定的成绩。

任务1　认识市场营销

学习目标

1. 能够理解体验市场营销的基本理论；
2. 能够理解市场营销的方式。

学习内容

1. 市场概述；
2. 市场营销概述。

知识准备

1. 市场概述

1) 市场的含义

在现代社会经济条件下，几乎所有的经济现象与经济活动都与市场有关，几乎所有经济方面的学科也都不同程度地涉及市场。那么“市场”该赋有怎样的含义呢？可以说，市场是商品买卖和劳务转移的场所，如集贸市场；也可以说，市场是商品交换关系的总和，即买卖行为关系的总和；还可以说，市场是商品的购买者或潜在购买者，即用户或潜在用户。

先看下面的案例，您会受到什么启发？

【案例分析】

一些上了年岁的老人依然习惯地将“煤油”称作“洋油”，因为煤油最早是洋人经营的。据说，那时候，乡下百姓人家夜间并无点灯的习惯，商店里的“洋油”卖不出去。后来，洋人想了个办法，他们给老百姓免费送灯、送“洋油”，老百姓也就试着点上了，等送的油点完了，已经习惯不了黑灯瞎火的夜间生活，只好掏钱买油，而且煤油的消费在老百姓购买能力范围内。

洋人“培育”市场的经营策略令人叹服，他们在国人没有点灯习惯的情况下，即无购买欲望之时，先连灯带油赔进去，让老百姓感受到煤油灯的好处，免费让老百姓尝一尝煤油灯的“甜头”，从而激发了老百姓的购买欲望，进而一举打开了市场，如图1-1所示。

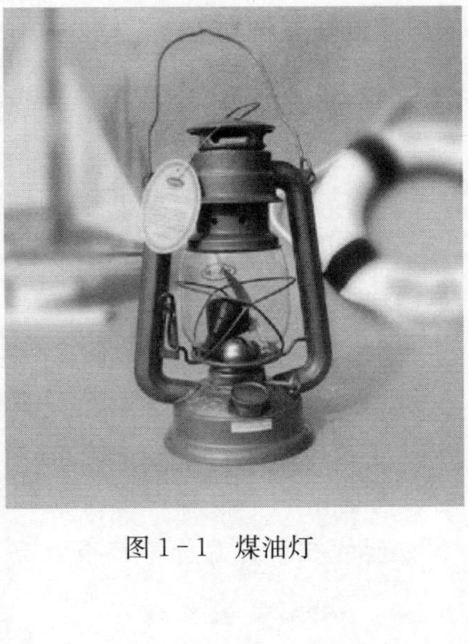

图1-1　煤油灯

从以上案例可以看出，市场具有以下三个要素。

(1) 人口——老百姓；

(2) 购买欲望——不习惯黑灯瞎火的夜间生活，晚上要点煤油灯；

(3) 购买力——买煤油的能力。

综上所述，市场是有购买某种商品需求和购买欲望，并有相应支付能力和决定能力，愿意与商家发生交易关系的人或组织。

2）市场类型

根据不同的分类标准，可以将市场分为不同的类型，如表1-1所示。

表1-1　市场分类表

区分角度	不同市场
构成市场交易对象的商品形态	商品市场、资金市场(金融市场)、技术市场、信息市场、劳动力市场、房地产市场、服务市场、文化市场、旅游市场
地理位置或空间范围	国内市场、国际市场
交易方式	现货市场、期货市场、批发市场、零售市场
市场主体地位	卖方市场、买方市场
竞争程度	完全竞争市场、完全垄断市场、垄断竞争市场
购买者需求内容和目的	消费者市场、生产者市场、资源市场(生活资料市场、生产资料市场、劳动力市场)
……	……

2. 市场营销概述

1）市场营销概念

市场营销(Marketing)又称为市场学、市场行销或行销学，有时简称“营销”。是指个人或集体通过交易其创造的产品或价值，以获得所需之物，实现双赢或多赢的过程。

【想一想】

虽然，营销普遍地存在于我们的生活与工作中，但怎样理解营销？________________

营销与推销有什么不同？________________

营销就是做广告吗？________________

营销就是卖商品吗？________________

【案例分析】

看看下面这个案例，也许你会理解什么是营销。

有一个欧洲的跨国制鞋公司，为了开发一个岛国的市场，先后派出了四个考察队。

第一个被派去的是公司里最优秀的推销员组成的队伍。推销员们在岛上转悠了半天，第二天就回来了。他们在述职报告中声称：岛上的居民还没有一个是穿鞋的，因为他们还没有这个习惯，岛上暂时也没有卖鞋的，由于存在这么巨大的市场空缺，公司可以把鞋运送过去，而他们也有信心把鞋推销给这些岛国的居民使用。

第二个被派去的是鞋厂的厂长们。厂长们在岛上转了两天，回来之后显得非常高兴，他们声称：岛国是一个很有市场前景的市场，他们在岛上找到了可以生产鞋的原料，而且原料及岛上其他各方面的社会资源价格都很低廉，他们建议公司立即到岛国设立分厂，认为只要能够赶快大批量生产，肯定可以获取高额的利润。

第三个被派去的是公司的财务部门。他们比较了“国际贸易”和“本地化生产”两种模式的优劣后，认为：岛国的原料、土地、劳动力、水、电等资源的价格相对低廉，而公司距离岛国最近的鞋厂，距离都是非常远的，而且岛国的关税较高。综合两种模式所需的各方面成本来说，“本地化生产”的优势较高。只要新建的鞋厂，能够保持每天1 000双以上的生产量，这对公司来说是不难做到的，采用“本地化生产”每双鞋的成本可以比“国际贸易”节省4元。按一个月生产3万双计算，一个月就可以节省12万元，半年就可收回建厂的全部成本。所以，他们建议公司到岛国设厂，就地生产就地销售。

第四批被派去的是公司的营销经理。经理们在岛国上呆了五天，拜访了上至岛国的酋长，下至各行各业的普通百姓，共计五十多个岛国的居民。他们了解到，岛国的居民一直都没有穿鞋的习惯，他们看见外来的穿鞋人都非常奇怪——原来他们根本没有意识到穿鞋这件事。但是，他们很多人的脚都是有毛病的，他们想过很多办法去避免脚病，都不太奏效，他们非常渴望得到脚病的根除。当他们了解到穿鞋可以帮他们避免很多对脚的意外伤害，更利于防止他们的脚病后，都表示非常愿意和渴望得到一双鞋。经理们还了解到，岛国居民的脚，普遍地都比公司所在地欧洲的同年龄段的人的脚长2～3英寸，大1英寸左右。因此，公司对销售给他们的鞋，需要重新设计。另外，曾经有过一个有一定竞争力的制鞋公司，曾经派人来考察过，但当他们发现当地居民都不穿鞋以后，认为没有市场，就放弃了继续的努力，但也不能排除他们日后会卷土重来。岛上的居民是没有什么钱的，但是岛上的居民都听从酋长的命令；岛上盛产香蕉，这些香蕉又大又甜又香，在欧洲是极具销售力和竞争力的。经理们跟酋长交谈过了，也去岛上的香蕉园看过了，非常高兴，因为酋长已经答应以每20公斤到30公斤的香蕉，对应一双鞋的比例，换取公司专门为岛国生产的鞋，总数量大概为10万双左右，第一批可以先要1万双，越快到货越好，并给予该公司独家卖鞋权。

经理们了解之后经计算，这样的香蕉如果经过适当的包装，可以以30元/公斤的价格卖给欧洲的连锁超市，按1万公斤计算，扣除包装、运输、关税、人员工资等，每公斤香蕉的纯利润为23元。1万双鞋，如果从岛国最近的厂运到岛国，公司的总成本为16万元。那第一批的1万双鞋，可以换得的香蕉总数额是25万公斤，按25公斤香蕉＝1双鞋算。而香蕉的总利润为575万元。扣除鞋的成本，公司可以在第一笔交易中营利559万元。如果鞋在岛国生产，则每双鞋可以再节省成本4元，公司则可以得到563万元的总利润！不过，经理们也算过，投资设厂的资金需要200万元，而且从建厂到真正成品交货，需要三个月的时间，满足不了酋长的迫切要求；而公司从最近的鞋厂设计、生产那1万双鞋，再运到岛国出售，只需要一个半月，这个时间酋长是可以容忍的。所以，经理们建议公司一边用“国际贸易”做成第一笔1万双鞋的交易，打好关系和基础；一边同时在岛国建厂投入生产，以便为后续更大的市场发展提供支持。

制鞋公司的总裁对营销经理们的报告大加赞赏，同时给予了重赏。

通过上面的案例我们来想一想：

推销员做了什么？________________________________

厂长比推销员多做了什么？________________________________

财务部门比厂长更进一步做了什么？________________________________

营销经理做到了什么？________________________________

看了这则故事，对什么是营销也许有了一定的认识。事实上，营销是寻找、发现需求，创造需求，满足需求，并使自身得到最大发展的一种经营活动。简言之，就是“需求互补，实现双赢”。

企业开展营销活动的最终目的是发现、创造和交付价值，满足一定目标市场的需求，同时获取利润。被誉为“现代营销学之父”的科特勒认为，营销最简单的定义是“赢利性地营造顾客满意”。这就告诉我们，所有营销活动必须从顾客满意和企业赢利这两个有机统一的要素出发，二者不可偏废。

另外，市场是动态变化着的，营销思考必须符合客观而且不断变化的市场实际才行。从这个意义上讲，营销没有固定模式。世界各国具有不同的政治、经济、文化，营销不可能一成不变。即使在同一个国家，各种行业的营销方式也不尽相同。就是在同样的行业里，不同的企业，在不同的阶段也可能采用各自不同的营销方式。

2）市场营销理论和营销方式

（1）市场营销理论

市场营销理论在发展的过程中，可以总结为 4P 理论、4C 理论、4R 理论和 4V 理论。4P 是基础理论；4C 是其思想核心，是理论内涵的进一步深入；4R、4V 是在挖掘消费者需求方面概念的发展和创新，如图 1－2 所示。

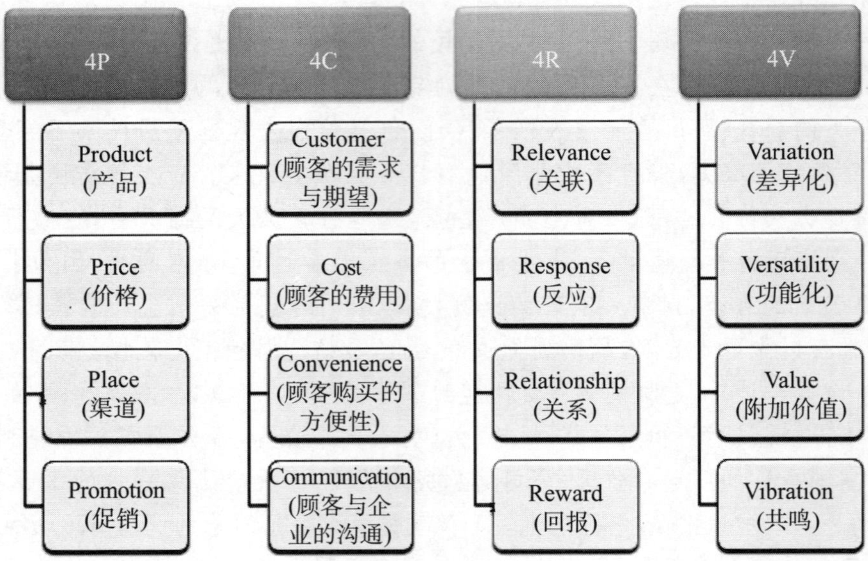

图 1－2　4 种营销理论

4P 理论、4C 理论、4R 理论对比，如表 1－2 所示。

表 1－2　4P、4C、4R 理论对比

4P	4C	4R
4P 是站在企业的角度来看营销，其使市场营销理论有了体系感，又使复杂的现象和理论简单化	4C 是站在消费者的角度来看营销，其中的方便、成本、沟通、消费者直接影响了企业在终端的出货与未来	4R 是站在消费者的角度看营销，同时注意与竞争对手争夺客户
4P 是由上而下的运行原则，重视产品导向而非消费导向，它宣传的是“消费者请注意”	4C 以“请注意消费者”为座右铭，强调以消费者为导向	4R 也是以消费者为导向，“便利”与“节省”，“沟通”与“关联”紧密相关。4R 较之 4C 更明确地立足于消费者。它宣传是“请注意消费者和竞争对手”

在新经济时代，培育、保持和提高核心竞争能力是企业经营管理活动的中心，也成为企业市场营销活动的着眼点。4V 理论正是在这种需求下应运而生的。

4V 理论包含差异化、功能化、附加价值、共鸣。

差异化营销就是企业凭借自身的技术优势和管理优势，生产出性能上和质量上优于市场上现有水平的产品，或是在销售方面，通过有特色的宣传活动，灵活的推销手段、周到的售后服务，在消费者心目中树立起不同一般的良好形象。值得一提的是，差异化营销所追求的"差异"是在产品功能、质量、服务和营销等多方面的不可替代性。

功能化指以产品的核心功能为基础，提供不同功能组合的系列化产品供给，增加一些功能变成高档品，减掉一些功能就变成中、低档产品，以满足不同客户的消费习惯和经济承受能力。其关键是要形成产品核心功能的超强生产能力，同时兼顾延伸功能与附加功能的发展需要，以功能组合的独特性来博取细分客户群的青睐。

附加价值指除去产品本身，包括品牌、文化、技术、营销和服务等因素所形成的价值。共鸣指企业为客户持续的提供具有最大价值创新的产品和服务，使客户能够更多地体验到产品和服务的实际价值效用，最终在企业和客户之间产生利益与情感关联。共鸣强调的是企业的创新能力与客户所重视的价值联系起来，将营销理念直接定位于包括使用价值、服务价值、人文价值和形象价值等在内的客户整体价值最大化。

(2) 六种市场营销方式

① 资料库营销

资料库营销也称数据库营销，强调要收集和积累有关顾客对企业及产品的认知、印象识别、支持认同、过去的交易记录，以及个人的资料、财务状况、购买行为等大量信息，经过分析后预测出顾客有多大光顾的可能性。

资料库营销将市场影响因素进行定性化及定量化系统的统计分析，可以帮助企业精确的制定各种营销策略，如市场细分，品牌定位，确定目标市场，优化配销通路，制定价格策划，拟定促销组合，进行营销审核等。

② 关系营销

关系营销把营销活动看成是企业与消费者、供应商、分销商、竞争者、政府机构、外部公众、以及企业内部人员，包括股东之间、管理人员之间、员工之间、部门之间和其他间接影响内部关系的人员发生互动作用的过程。

关系营销认为，企业和内外人员以及消费者之间的公共关系是企业营销成败的核心问题，其特点是企业与人员或其他组织之间的双向沟通公共关系，而鄙视私人性质的纯人情关系。它的目的是建立一种兼顾双方长远利益且稳定的长期合作的双赢关系，而不是个人短期的金钱利益。

③ 忠诚度营销

忠诚度营销认为，顾客对所购买的商品及其服务的整体满意程度，包括生理上的物质性硬满足和心理上、精神上、心灵上服务的软满足，以求达到顾客长期不叛离，保持顾客终身价值，继续光顾的可能性。

④ 整合营销

近代信息知识及高科技技术的广泛应用，造成传统的经济现象、市场结构、消费行为，甚至消费者的生活方式、文化理念、价值观念等都起了翻天覆地的改变。在新的形势下，许多传统的营销概念有重新整合的必要。

整合营销最精要的理论是改进传统的4PS理论为4CS理论。由生产导向改为消费导向。整合营销和传统营销最大的分别在焦点置于消费者和潜在消费者上，而非传统的公司目标营业额或目标利润上。

在策略上整合营销最重要的部分是将消费者购买诱因转到注重宣传产品给消费者的利益而非特点。

整合营销重新理顺营销过程中许多不到位、无效率、概念错误、不切时宜的缺陷，有益于更精确地执行各种营销战略，提升效益，提升企业的成本效益比。

【案例分析】

蒙牛集团在赞助“超级女声”节目的同时，为了维护和传播品牌以及加强客户关系，开展了线上线下一系列营销活动，使蒙牛酸酸乳的销量和“超级女声”的人气都大大增加，换来酸酸乳25亿元销量的业绩。

蒙牛酸酸乳“超级女声”成功的关键是选择了个性化产品和个性化媒体事件的准确对接，将传统产业与文化创意经济巧妙地结合在一起；其次，蒙牛改变了单纯冠名的传统合作方式，将“超级女声”的活动内涵与蒙牛酸酸乳的品牌精髓进行深入的结合，使二者紧密连接在一起；同时，蒙牛动用了全方位的营销手段，围绕“超级女声”核心，进行全面整合营销。

【想一想】

请同学们举例分享其他整合营销。

⑤ 直复营销

直复营销是为了达到优质及量化的市场营销目标，公司与顾客及潜在顾客之间进行直接互动式的接触。

直复营销的方法有直邮、电话销售、目录式销售、直接传销、上门推销、信函推售、招贴推销、电视、广播、报章、杂志、电影直销等。随着电子技术的发展，直复营销利用电子媒体，如因特网、电子邮箱、宽频道三合一媒体等。

直复营销系统性地使用数据库信息，从中找出适合的轻、重度用户及准客户群，在传播组合的策略下进行有效的一对一营销、个性化营销、订制营销等。直复营销的目标是在公司保持与顾客之间的双向沟通，以建立一种长期的良好关系，确保顾客的满意程度，证明产品及服务的成功。

【案例分析】

通用汽车是率先建立官方博客的公司之一。通过博客，通用汽车的管理者可以用他们自己的语言表达观点，而不经过任何人的过滤。并且直接听取对通用汽车有热情的和对其所做的事情有兴趣的人的反馈。其管理者在博客中反复强调：“通用汽车欢迎批评，在我们的博客中也有很多批评意见。”

通用汽车的案例很好地体现了博客公关的成果。或许在企业最需要的时候，博客是一个最好的直接与企业受众沟通的渠道。

⑥ 网络营销

网络营销是以互联网为核心平台，以网络用户为中心，以市场需求和认知为导向，利用各种网络应用手段去实现企业营销目的的一系列行为。其功能包括电子商务、企业展示、企业公关、品牌推广、产品推广、产品促销、活动推广等方面。

【案例分析】

针对大多数历经知识经济大浪淘沙而产生的新富人群，大众全面整合了辉腾整体展示信息及各大经销商信息，首次结合知名品牌手机预装中高端智能手机及高端奢侈品手机为推广渠道，以各种互动形式作为核心策略，以达到推广中高端人士的效果。手机用户将大众辉腾的活动信息、产品信息和4S店信息分别转发分享到个人微博，既有机会获得辉腾的大奖，全程均积极通过致尚平台及微博活动的结合向外推广辉腾信息。共有近200万用户参与其中，共享大众辉腾带来的智能科技生活理念，积极参与活动，转发分享微博，为大众辉腾积累了大量人气和用户信息。

⑦ 绿色营销

绿色营销是指企业为了迎合消费者绿色消费的消费习惯，将绿色环保主义作为企业生产产品的价值观导向，以绿色文化为其生产理念，力求满足消费者对绿色产品的需求所做的营销活动。

⑧ 社会营销

社会营销是基于人具有“经济人”和“社会人”的双重特性，运用类似商业上的营销手段达到社会公益的目的；或者运用社会公益价值推广其商品或商业服务的一种手段。与一般营销一样，社会营销的目的也是有意识地改变目标人群（消费者）行为。但是，与一般商业营销模式不同的是，社会营销中所追求的行为改变动力更多来自非商业动力，或者将非商业行为模拟出商业性卖点。

小组讨论

1. 案例导入

通过“丰田成功进入美国市场”认识（汽车）市场营销

丰田汽车公司是日本最大的汽车制造商，也是世界十大汽车工业公司之一。然而日本丰田汽车刚刚踏入美国市场时，是以失败告终的，而且输得很惨。在20世纪60年代以前，“日本制造”往往是“质量差的劣等货”的代名词，此间首次进军美国市场的丰田车，同样难逃美国人的冷眼。丰田公司不得不卧薪尝胆，重新制定市场规划，投入大量人力和资金，有组织地收集市场信息，然后通过市场细分和对消费者行为的深入研究，去捕捉打入市场的机会。

首先，丰田公司对美国的代理商及顾客需要什么，以及他们无法得到的是什么等问题进行彻底研究。丰田公司利用商社、外国人及本公司职员来收集信息。通过多种渠道的搜集，得到了美国市场的一些新的需求信息。经过调查，他们发现美国人把汽车作为地位或性别象征传统观念正在逐渐减弱，汽车作为一种交通工具，人们越来越重视其实用性、舒适性、经济性和便利性。其次，丰田公司还研究了竞争对手的不足和缺陷，制定了“攻占角落”的营销策略。丰田公司在市场调研中发现，美国底特律的汽车制造商们骄傲自大、因循守旧、墨守成规，对竞争者的挑战、政府的警告、消费者拒绝购买和库存量的直线上升熟视无睹，继续大批量生产大型豪华车。小型车的空白市场给丰田乘用车的侵入提供了机遇。再次，丰田公司还详细研究了外国汽车制造商在美国的业务活动，向竞争对手学习，从而制定出更好的销售和服务战略。丰田公司委托一家美国调研公司去访问大众汽车的拥有者，以了解顾客对大众车的满意和不满之处。调查表明，大众“甲壳虫”的成功原因主要有两个：一是它建立了能够提供优良服务的机构，从而消除了顾客对需要时买不到零配件的忧虑；二是其价格具有相当的吸引力。

根据市场调研结果，丰田公司开发了一种新产品——皇冠牌汽车，一种更经济实惠的美国式汽车。这种美国化的汽车被称为“底特律”式车。其漂亮的外型和车箱内符合美国人口味的装饰完全不同于过去的试验型客车：为手臂较长的人设置了靠手，并按照美国汽车的式样对座位进行了改变，安排了较大的伸脚空间；同时，产品的质量、可靠性和维修等也得到了同样的关注。新产品真正做到了“美国化”。在定价方面，为吸引大量新的购买者并使经验曲线迅速下降，丰田公司将产品的售价定得比竞争对手低得多。这项战略促进了产品销售并降低了产品成本，成本的降低则进一步拉低了价格。丰田的价格战略产生了“滚雪球”效应：丰田皇冠订价低于2 000美元，之后推出的丰田“柯罗拉”(Coralla)订价低于1 800美元。这种进攻战略，为丰田公司赢得了一个既讲究质量，又经济实惠的形象。经过不懈努力，到1980年，丰田汽车在美国的销售量已达到58 000辆，两倍于1975年的销售量，丰田汽车占据了美国进口汽车25%的市场份额。丰田公司在占领美国中档汽车市场后并不满足，采取乘胜追击的战略，80年代后期又争夺美国的高档豪华车市场。有了前车之鉴的丰田公司把市场调研工作做得非常充分：派出专家小组前往美国，与山姆大叔同吃同住，并运用问卷、座谈会等方式对市场需求的每一细节都进行了调查。经过5年多的呕心沥血，推出了“凌志”车。“凌志”一改过去日本汽车经济实用的中低档形象，定位为豪华乘用车。仅上市两年，其业绩就赶上了在高档车市场已苦心经营数年的“宝马”。

2. 分组讨论

(1) 指导老师对全班学生进行分组，6～8人为一个小组，每个小组推选一位组长；

(2) 各小组应围绕案例，充分讨论日本丰田汽车成功进入美国市场，运用了哪些市场营销理论知识。专业老师对各小组及组员的讨论过程进行适当的指导，各小组成员将自己的想法填入表1-3。

表1-3 讨论表

讨 论 表			
组长		组员	
讨论案例	通过“丰田成功进入美国市场”认识(汽车)市场营销		
讨论内容：日本丰田汽车成功进入美国市场，运用了哪些市场营销理论知识？			

3. 学习评估

指导老师根据该组的团体表现及各组员的个人表现，对其讨论过程进行评估，评估标准如表1-4所示。

表1-4 学习评估表

内 容	满分	得分	点评(优点及可提高部分)
叙述过程流畅、声音洪亮、表情自然	10		
可以结合教材及案例合理的阐述其市场营销理论	40		
可以结合教材及案例合理的阐述其市场营销的方式	30		
理解市场营销的感念	20		

复习思考题

1. 市场的含义是什么？
2. 市场营销的概念是什么？
3. 如何理解市场营销4R理论？
4. 市场营销有哪些方式？

任务2　认识汽车市场营销

学习目标

能够认识汽车市场营销观念。

学习内容

1. 汽车市场营销含义；
2. 汽车市场营销观念；
3. 汽车工业的现状及发展趋势；
4. 我国汽车营销模式。

知识准备

汽车营销研究的内容是在汽车市场竞争环境中，企业等组织如何通过市场调查识别和分析顾客的需求，确定其所能提供最佳服务的目标群体，选择适当的计划方案、产品、服务方式以满足其目标群体的需求，取得竞争优势的市场营销全过程。

汽车市场营销观念代表的是汽车制造商决策者对于汽车市场的根本态度和看法，是指导制造商开展或决定一切经营活动的出发点，因此，汽车市场营销观念的正确与否直接影响汽车供应企业的兴衰。随着社会的不断进步，市场竞争也不断发生着变化，市场营销观念也不断发生着变化。

1. 汽车市场营销含义

1）概念

汽车也是一种商品，汽车市场里交易商品可以是新车、汽车配件、二手车、维修服务、汽车用品及汽车金融产品，等等。

汽车市场营销是指汽车相关企业或者个人通过调查和预测客户需求，把满足其需求的商品流和服务流从制造商引向顾客，从而实现其目标的过程。现代汽车市场营销活动模型，如图1－3所示。

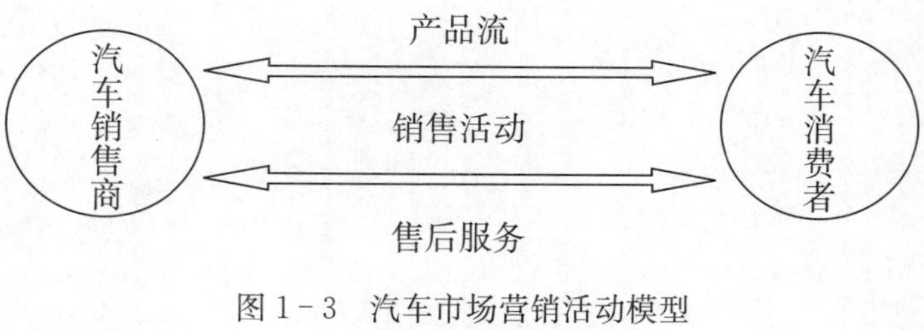

图1－3　汽车市场营销活动模型

2）汽车市场营销活动的目标

（1）增长汽车销售数量及销售额；

（2）增长汽车销售地区的市场份额；

（3）增长利润和投资收益率，产品创新；

(4) 提升企业形象等。

其中,利润和投资收益率是企业最重要的核心目标。

2. 汽车市场营销观念

营销观念基本可以总结为5种营销观念:生产观念、产品观念、推销观念、市场营销观念以及社会营销观念,如图1-4所示。

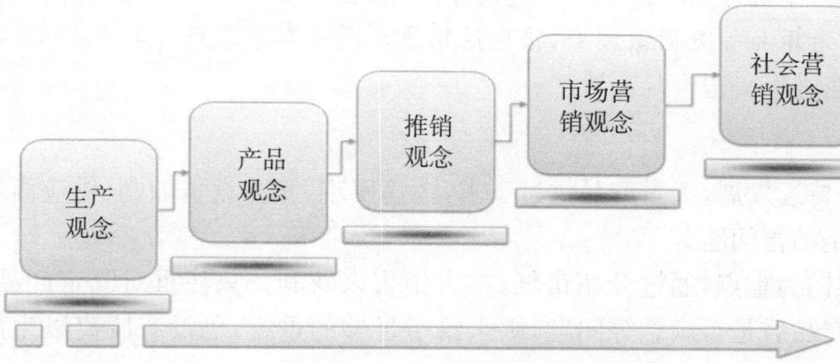

图1-4 5种营销观念图

其中,生产观念、产品观念以及推销观念产生的较早,观念相对较落后,现在先进且占主导地位的是市场营销观念和社会营销观念。目前,我国正处于经济的快速成长期,汽车行业发展迅速,随着国际大公司不断进入中国市场,国外许多先进的汽车营销理念也随之进入中国,不断冲击和影响着国内经营者的观念和思想,形成多种营销观念并存的局面。

1) 生产观念

生产观念是指认为顾客会接受任何它能买到、并且买得起的产品。因此,主要任务就是提高生产和渠道的效率,让顾客买得到,这种观念是最早的营销思想。

这种观念的重心在于大量生产,降低成本,解决供不应求或买不起的问题,消费者的个性化需求与欲望并不被重视。因此,当产品供给超过需求,并呈现多样化时,消费者对产品产生不同层次的需求时,生产观念将不能成为有效的营销观念。

【案例分析】

1908年以前,各汽车公司的产量很低,汽车是少数富人们的奢侈品,当亨利·福特推出一款廉价而易于生产的T型车时,订单像雪片般飞向福特汽车公司。这是由于他采用流水线进行生产,到了1925年10月30日,福特厂一天就能生产9 109台T型车,每部车售价由首批的850美元下降到265美元,成为当时世界上最大的汽车公司。他曾开玩笑地说:"无论顾客想要什么颜色的福特车,我只提供黑色的。"亨利·福特的营销观念就是典型的生产观念,认为降低了成本,大量地供应,客户就会购买。到了20世纪20年代中期,随着美国经济增长、人们收入及生活水平的提高,形势又发生了变化。公路四通八达,路面大大改善,马车时代坎坷、泥泞的路面已经消失,消费者也开始追求时髦。简陋而千篇一律的"T型车"虽价廉,但已不能招徕顾客,因此福特"T型车"销量开始下降。面对现实,福特仍自以为是,一意孤行、坚持其生产中心观念,置顾客需要的变化于不顾,导致销量持续下滑。

2) 产品观念

当产品供不应求的现象得到缓解,供应商致力于制造质量优良的产品,并经常不断地加以改造提高，他们认为这样的产品更受消费者的欢迎，产品观念应运而生，但优质产品往往是一群工程师在实验室里设计出来的，产品上市之前从来就没有征求过消费者的意见，无视消费者的需求和欲望。

【案例分析】

1957年，丰田在美国开设第一家全资子公司，开始正式进入美国市场。经过汽车工程师日以继夜的研究，陆续推出“皇冠”、“光冠”等系列优质车型，但在推出车型之前并没有对美国特性、道路条件和顾客对物质生活用品等方面做调查，推出后销量表现非常不理想。直至1966年，8年来丰田几乎一无所获，第一轮进军美国市场失败了。

3）推销观念

随着工业经济持续发展，大量产品供过于求，销售困难，卖方竞争加剧，供应商经营中的工作不再是生产问题，而是销售问题。

推销观念以推销为重点，通过开拓市场，扩大销售来获利。只注重对既定产品的推销，至于顾客需要什么，购买产品后是否满意等问题，则未给予足够的重视，仍没有脱离以生产为中心，“以产定销”的范畴。

【案例分析】

购买一辆1956年型的福特汽车，只要先付20%的货款，其余部分每月付56美元，3年付清。这样，一般的消费者都负担得起。福特汽车因此在费城地区的销量像火箭般直线上升，仅仅3个月，就从原来的最末一名，一跃而居全国第一位。福特公司把这种分期付款的推销方法在全国各地推广后，公司的年销量猛增了7.5万辆。

4）市场营销观念

随着生产力与科学技术的迅速发展，市场产品日新月异，供应量大大增加，人民生活水准提高，市场由卖方市场变成为买方市场，供应商的市场竞争更加激烈，从而使供应商不得不改变。

市场营销观念，是一种全新的经营哲学，它是一种以“顾客需要为导向”、“一切从顾客出发”的观念。

【案例分析】

随着时间的推移，通用汽车公司发现，多数年轻人更喜欢色彩鲜艳、富有激情的汽车，不同的人由于地位不同、职业不同、个性爱好不同而需求不同，因此，专门成立了“产品政策研究特别委员会”，下设“色彩与美术部”，专门研究设计满足不同个性消费者需求的汽车，成功推出的五彩缤纷雪佛兰汽车让人们眼前一亮，迅速成为了福特“T型车”的替代者。“一切从顾客出发”的观念帮助通用汽车公司就此成为汽车业的霸主。

5）社会营销观念

社会营销观念是在市场营销观念的基础上增加了对社会的关注，将整体社会的利益与供应商的自身利益结合起来，把自己的短期行为与长期利益结合起来。

【案例分析】

近年来，中国以火箭般的速度由单纯的汽车制造基地转变为巨大的汽车消费市场。来自世界各地的汽车商人，瞄准中国消费市场发动一轮又一轮的冲击。但在中国汽车业高速发展的光环背后，尾气排放引发环境污染、能源消费吃紧的苗头也逐渐显现。

在此环境下大众乘用车品牌，是最早推出多款柴油乘用车并进行市场培育的国际汽车品牌。一汽大众先是推出柴油发动机的捷达SDI，开始在中国市场破冰；随后又派出宝来TDI大张旗鼓地宣传柴油乘用车众多环保优点；接着是奥迪A6柴油版继续探路；柴油版高尔夫和柴油版POLO也在其合资供应商的生产计划之中。

3. 汽车工业现状与发展趋势

1）世界汽车工业现状与趋势

（1）世界汽车工业现在基本形成了“6＋3”的格局

跨国汽车公司“6＋3”，是指世界汽车工业经过全球化兼并重组后，形成的跨国巨型汽车业航母，即通用、戴克、福特、丰田、大众、雷诺6大集团和本田、宝马、标致雪铁龙3个独立厂商。

【想一想】

通用、戴克、福特、丰田、大众、雷诺6大集团和本田、宝马、标致雪铁龙旗下有哪些车型或品牌？

____

____

____

____

____

（2）世界汽车工业特点

① 汽车生产总量过剩，产业集中度高；

② 汽车销售市场中心逐渐东移，发达国家汽车工业向新兴市场产业转移；

③ 汽车零部件采购国际化、系统化、模块化，产品向多样化、个性化发展。

（3）世界汽车工业发展趋势

① 混合动力优势得到广泛承认；

② 行业外资金流入汽车业；

③ 裁员风暴席卷全球；

④ 大公司流行“瘦身”；

⑤ 小型车在全世界吃香。

2）中国汽车工业现状与趋势

（1）中国汽车工业现状

① 基本形成了跨国汽车公司“6＋3”和国内汽车企业“3＋5”的格局，跨国汽车公司在中国的布局已经基本完成，中国已经成为汽车巨头全球竞争重要的一环。

国内汽车企业“3＋5”的格局，“3”是指一汽、东风、上汽三大国有汽车集团，“5”是指广州本田、重庆长安、安徽奇瑞、沈阳华晨、浙江吉利5个独立骨干乘用车企业。

【想一想】

一汽、东风、上汽三大国有汽车集团旗下有哪些品牌？广州本田、重庆长安、安徽奇瑞、沈阳华晨、浙江吉利有哪些车型或品牌?

② 20年合资和国产化培育了中国的零部件配套体系、装备制造业及管理、技术、市场人才。

③ 汽车业热度过高,供给有投资泡沫;开发能力弱,引进模仿多,自主知识产权少,对外资的依附性强。国内乘用车市场是以国外品牌居多;行业散、产业链短、规模小、成本高;汽车消费使用环境面临大的挑战。

(2) 中国汽车工业发展趋势

① 产销量高速增长,我国有望成为世界重要的汽车制造基地和消费市场;

② 产业集中度高,初步形成"3+X"发展格局;

③ 生产过剩和激烈竞争加大了汽车行业重组的必然性;

④ 汽车工业投资增长快,民营企业成为新生力量。

4. 我国汽车营销模式

随着我国汽车营销市场的发展,在营销体制、营销模式和营销渠道上的差别在逐渐缩小。国际各大汽车公司的营销体制在成熟的过程中体现出来的共性,奠定了产销合一、产销分离和产销结合这三种营销体制。当前,我国借鉴国际汽车产销结合模式建立自己的汽车营销体系,主要有以下几种形式。

1) 代理制和市场责任制

代理商大多是独立中间商,一般从事整车销售代理业务,也是汽车生产厂家的售后服务站。生产厂家对代理商的进货渠道、销售地区、代理佣金及其支付方式等都有明确规定。汽车厂家可将全国市场划分为若干市场区域,通过合理划分市场责任区域范围,使各渠道成员持适度规模经营。

2) "四位一体"专卖店

"四位一体"即汽车销售、零部件供应、售后服务和信息反馈,这种多功能一体化的专卖店,一般是由汽车厂家统一制定经销商"四位一体"的管理标准、技术标准、服务收费标准,统一培训经销人员和维修人员,最大限度地满足顾客的已知需求和潜在需求。四位一体汽车销售模式的营销队伍素质较高,表现为文化水平较高、接待礼仪规范、服务项目不断扩大、标识醒目、讲究外在形象的塑造等。

3) 汽车有形市场

汽车有形市场即汽车交易市场,这种百货超市式的大型汽车交易市场,集纳众多的经销商和汽车品牌于同一场地,形成了集中的、多样化交易场所,工商、交管等部门现场办公,并设有专人协办、代办牌照,既提高购车效率,又降低了交易成本。

4) 汽车园区

汽车园区是汽车有形市场发展的新阶段。汽车园区的目标定位是与国际汽车市场接轨,以乘用车为主,商务用车和专用车为辅,以汽车相关产业为重点并涉及递延行业,形成"四位一体"专卖店集群的高中档次的汽车贸易服务园区。园区集合汽车交易、服务、展示、文化等众多功能,体现汽车销售由单一专卖店走向集约化、趋同性的趋势。

同时,独立经销商和分散的个性化销售也在悄然兴起。汽车经销商中,一批私人、私营、股份制的商家迅速崛起,有的私营或股份制汽车企业或企业集团被多个汽车厂家所看好,成为多个品牌的特许专营,他们正在成为汽车销售服务领域的生力军和主力军。

5) 汽车网络营销

近年来,随着信息科技的发展,尤其是网络的普及,大大拓宽了人们获取信息的渠道,而网络几乎成为消费者了解汽车产品和品牌的主要渠道,消费者通过网络来了解车市行情、选择车型和商家等。之后,汽车经销商开始大胆采取网络营销这一新的营销方式。网络营销能充分发挥企业与客户的互相交流优势,而且企业可以为客户提供个性化的服务,是一种新型的、互动的、更加人性化的营销模式。

【案例分析】

美国通用汽车公司推出了一项服务——让消费者通过在线方式对自己想要购买的汽车进行定制。消费者不仅可以选择汽车的颜色,还可以指定车的形状、车门的数量、发动机功率大小和传导系统。消费者在网上完成全部定制选择以后,有关信息将被传送到通用汽车公司的生产厂,生产厂则完全按照消费者的要求对汽车进行装配并且运送到通用汽车公司在全美各地总共6 000家经销商中的一家,消费者则可就近付款提车。这项服务,消费者的特殊需求与汽车的生产过程被经济地、无缝地融合为一体。作为汽车生产商,通用汽车公司也就能够为消费者提供更好的服务。

小组讨论

1. 案例导入

为适应市场上海通用推出混合动力车

随着我国市场经济的发展及市场竞争的加剧,当前的汽车市场正经受着严峻的考验。国家针对新能源汽车的使用出台了一系列的政策、法规,鼓励使用小排量、低能耗的环保代步工具。为了更好地适应市场需求,汽车公司都改变了以前的固守自己的核心业务,对一些小市场不屑一顾的观念。

上海通用及时推出了一款油电混合动力车型——君越 Eco-Hybrid。这是目前中国这一细分市场上推出的第一款量产混合动力车型,填补了市场空白。在油价持续飙升、节能环保问题日益突出的大背景下,别克君越 Eco-Hybrid 油电混合动力车的市场定位和推出时机可谓恰到好处,市场前景看好。这款油电混合动力车不仅可实现15%以上的省油效果,同时排放也可降低15%以上。为了推广和普及这款绿色环保产品,上海通用汽车采用了“亲民”的定价策略,价格仅比普通君越高出2万元左右,同时还宣布对混合动力系统相关零部件实施4年或12万公里的质量保修。这几项举措不仅使混合动力的绿色科技变得触手可及,也消除了用户对售后维护的后顾之忧,使君越 Eco-Hybrid 无论在销量上还是在市场影响力都取得了一定的成绩。

2. 分组讨论

(1) 指导老师对全班学生进行分组,6~8人为一个小组,每个小组推选一位组长。

(2) 各小组应围绕案例,充分讨论上海通用汽车在产品上采用了何种市场营销观念,采用这种观念带来了哪些积极的影响？专业老师对各小组及组员的讨论过程进行适当的指导，各小组成员将自己的想法填写入表1-5中。

(3) 各小组应围绕案例，充分讨论君越 Eco-Hybrid 属于国内汽车企业“3＋5”的格局下哪个集团下的品牌，其集团下还有哪些品牌及何种汽车营销模式？专业老师对各小组及组员的讨论过程进行适当的指导，各小组成员将自己的想法填写入表1-5。

表1-5 讨论表

讨论表			
组长		组员	
讨论案例	为适应市场上海通用推出混合动力车		
讨论内容1：阐述上海通用公司采取的是何种市场营销观念，采用这种市场营销观念带来了哪些积极的影响？			
讨论内容2：阐述君越 Eco-Hybrid 属于国内汽车企业“3＋5”的格局下哪个集团下的品牌，其集团下还有哪些品牌及何种汽车营销模式？			

3. 学习评估

指导老师根据该组的团体表现及各组员的个人表现，对其讨论过程进行评估，评估标准如表1-6所示。

表1-6 学习评估表

内 容	满分	得分	点评(优点及可提高部分)
1 讲述过程流畅、声音洪亮、表情自然	10		
2 可以结合教材及案例合理地阐述其产品市场营销观念	40		
3. 可以结合教材及案例合理地阐述君越 Eco-Hybrid 属于国内汽车企业“3+5”的格局下哪个集团下的品牌	10		
4. 理解不同的市场营销观念所带来的影响	20		
5. 理解我国目前的市场营销模式	20		

复习思考题

1. 汽车市场营销的目标是什么?
2. 汽车市场营销观念有哪些?
3. 如何理解汽车工业的现状及发展趋势?
4. 我国汽车营销模式有哪些?

学习情境 2　汽车市场营销环境分析

学习目标

1. 能够分析宏观及微观环境对汽车市场营销的影响；
2. 能够掌握汽车企业应对营销环境威胁的策略。

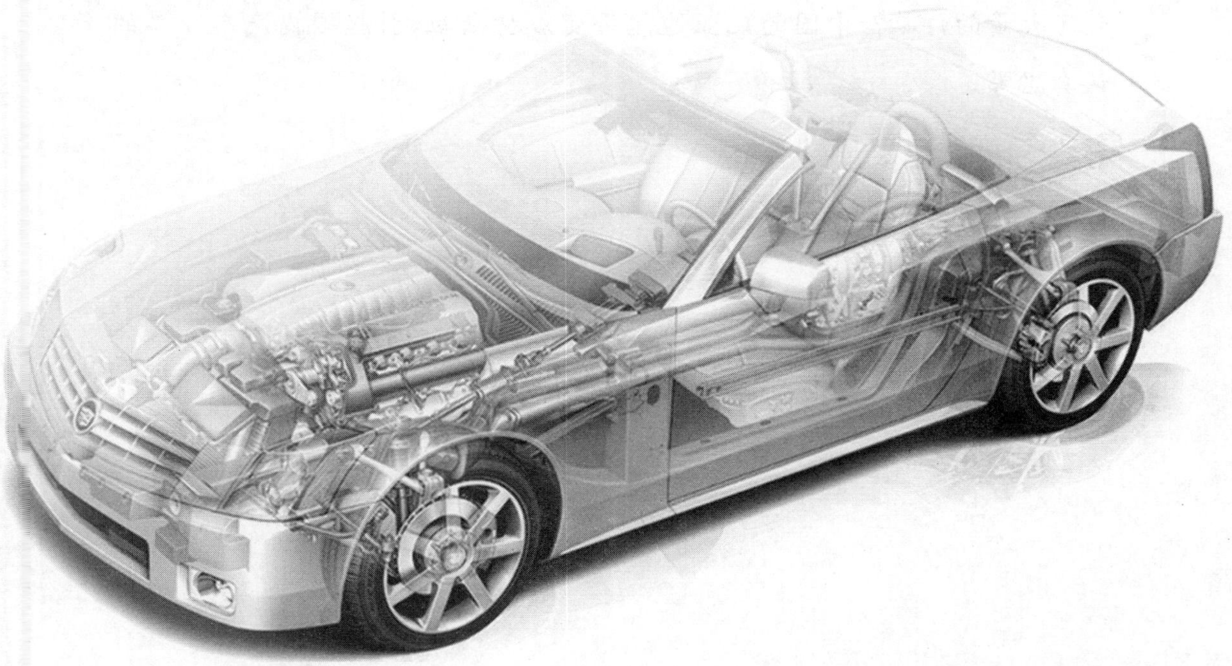

情境导入

2013 年，全球最怪异的“汽车事件”当属美国的电动汽车 Tesla“特斯拉现象”。在全球电动汽车深陷低谷的背景下，特斯拉 S 型电动跑车在美国市场，以德系三大豪华 D 级车的价位，一季度卖出了 4 750 辆，奔驰 S 级、宝马 7 系、奥迪 A8 同期销量为 3 077 辆、2 338 辆、1 462 辆。2013 年一季度其已实现净利润 1 120 万美元，市值达 88.7 亿美元。一直处于亏损状态的比亚迪，预计今年上半年净利润同比增长超过 1 000%。同时，为争抢各自的海外市场，比亚迪和特斯拉开始分别进军美国和中国市场。

在我国的汽车市场环境下，中国汽车制造企业能出现“特斯拉现象”么？电动汽车的发展到底需要什么样的土壤？为什么美国一度领先的 Coda、Fisker(电动汽车)和 A123(动力锂离子电池制造商)相继破产，而特斯拉却异军突起？为什么比亚迪在国内市场国内销量平平，在国外却接到了大量的订单？中国的比亚迪能否变成特斯拉，引起国内汽车业界的认真思考。

任务 1 汽车市场宏观环境分析

学习目标

能够分析宏观环境对汽车市场营销的影响。

学习内容

1. 市场营销环境的概述；
2. 汽车市场营销宏观环境的含义；
3. 宏观环境各因素。

知识准备

1. 市场营销环境的概述

1）市场营销环境的定义

市场营销环境是指影响企业市场营销活动及其目标实现的各种因素和动向。

美国著名市场营销学家菲利普·科特勒认为，许多因素都会影响营销结果，包括行销、政治、调研、目标客户、产品、价格、促销、渠道、人员、包装以及薪酬等。

科特勒还认为，在市场营销过程中必须随需而变、随“敌”而变、随机应变。

2）分类

按影响企业与目标客户建立并保持互利关系等营销管理能力的各种角色和力量来分类，可分为宏观市场营销环境与微观市场营销环境，如图 2－1 所示。

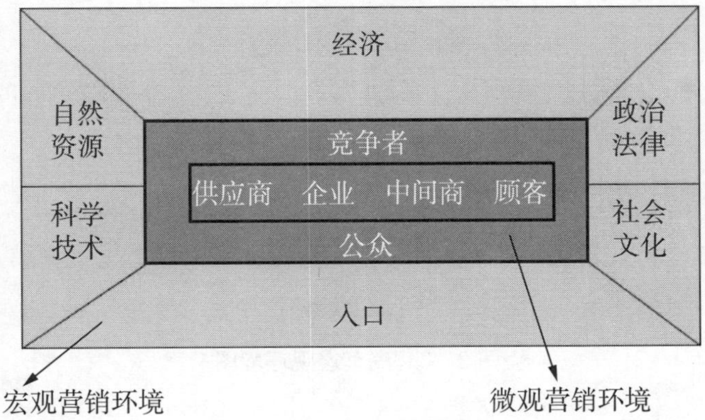

图 2－1 市场环境分类图

3）市场营销环境特点

(1) 客观性

市场营销环境是与企业市场营销活动相联系的企业外部因素的总和，是客观存在的，是不以企业的意志为转移的，有着自己的运行规律和发展趋势，企业无法控制营销环境尤其是宏观环境的发展变化，对营销环境变化的主观臆断会导致营销决策的盲目与失误。

(2) 关联性

构成营销环境的各种因素和力量是相互影响、相互联系、相互制约、相互依赖的。某一因素的变化,会引起其他因素的相关变化,由此形成新的营销环境。

(3) 层次性

从空间上看,营销环境因素是个多层次的集合。

第一层次:企业所在的地区环境,如当地的市场条件和地理位置。

第二层次:整个国家的政策法规、社会经济因素,如国情特点、全国性市场条件等。

第三层次:国际环境因素。

这几个层次的外界环境因素与企业发生联系的紧密程度是不相同的。

(4) 差异性

企业面临的环境非常复杂,由于企业所处的地理环境、生产经营的性质、政府政策、风俗习惯、价值观念、经济发展水平和消费结构等不相同,就会造成营销环境存在差异。

这种差异性还表现在不同企业面对同样的市场条件变化,所产生的影响也不尽相同。

(5) 多变性

一切事物都处于变化之中,外界环境随着时间的推移也处于变化之中,构成企业市场营销环境的因素也在不断变化之中。

(6) 不可控性

影响市场营销环境的因素是多方面的,也是复杂的,并表现出不可控制。国家的政策、人口增长及社会文化习俗等,都是企业不能随意改变的。

2. 汽车市场营销宏观环境的含义

汽车营销的宏观环境,是指汽车营销组织所面临的人口、经济、自然、科技、政治法律、社会文化等环境。企业及其所处的微观环境都受宏观环境制约,这些宏观力量及其发展给企业的市场营销提供机会同时也造成环境威胁,如图 2-2 所示。

图 2-2　汽车宏观环境图

3. 宏观环境各因素

1) 人口环境分析

人口环境,是指一个国家和地区的人口数量、人口质量、家庭结构。人口环境对汽车企业的市场需求、产品的品种结构、档次以及用户购买行为等市场特征、人口年龄分布及地域分布等因素的现状及其变化趋势有决定性影响。人口环境分析一般包括人口数量分析、人口结构分析、人口分布分析等三个方面。

(1) 人口数量分析

人口数量是决定市场规模的一个基本要素。企业营销首先要关注所在国家或地区的人口数量及其变化。这就是全球汽车巨头青睐中国、印度的根本原因。中国人口规模数量带来的三大机会：两厢型汽车发展的机会，微车与经济型乘用车的机会，中国自主品牌发展的机会。

(2) 人口结构分析

人口结构分析，如表 2－1 所示。

表 2－1 人口结构分析

人口结构	内容分析	案例
年龄结构	不同年龄的消费者对商品和服务的需求是不一样的。不同年龄结构就形成了具有年龄特色的市场	年轻人喜欢外观时尚、新颖的车型，中年人喜欢大气、稳重的车型，老年人喜欢安全、舒适的车型
性别结构	性别差异会给人们的消费需求带来显著的差别	女性喜欢颜色比较艳丽的小巧的车型，男性倾向于稳重、宽大的车型
教育与职业结构	教育程度与职业不同，对市场需求表现出不同的倾向	有些人需要可以拉货的车型，有些人需要乘坐舒适的车型
家庭结构	家庭是商品购买和消费的基本单位	有需要豪华的车型，有需要便宜的车型
社会结构	我国绝大部分人口为农业人口，这样的社会结构要求企业营销应充分考虑农村这个大市场	农村需要可以拉货、便宜的车型
民族结构	民族不同，其文化传统、生活习性也不相同，消费需求都有自己的风俗习惯。企业营销要重视民族市场的特点，开发适合民族特性、受其欢迎的商品	—

家庭结构类型，如表 2－2 所示。

表 2－2 家庭结构类型表

1	年轻的单身	指的是 35 岁以下的单身
2	新婚夫妇	指的是没有孩子的新婚夫妇
3	满巢阶段(一)	最年幼的子女不到 6 岁
4	满巢阶段(二)	最年幼的子女 6 岁或超过 6 岁
5	满巢阶段(三)	年长的夫妇和尚未独立的子女同住
6	空巢阶段(一)	年老的夫妇，无子女同住，户主仍在工作
7	空巢阶段(二)	年老的夫妇，无子女同住，户主已退休
8	鳏寡阶段	孤寡或鳏居独居老人

(3) 人口分布分析

人口有地理分布上的区别，人口在不同地区密集程度是不同的。各地人口的密度不同，则市场大小不同、消费需求特性不同。当前，我国有一个突出的现象就是农村人口向城市流动，内地人口向沿海经济开放地区流动。企业营销应关注这些地区消费需求不仅在量上增加，在消费结构上也发生了一定的变化，应该提供更多的适销对路产品满足这些流动人口的需求，这是潜力很大的市场。

2）经济环境分析

经济环境影响汽车产品的市场需求的大与小，从而对汽车市场有着最重要的影响。

（1）消费者收入分析

收入因素是构成市场的重要因素，甚至是更为重要的因素。因为市场规模的大小，归根结底取决于消费者的购买力大小，而消费者的购买力取决于他们收入的多少。企业必须从市场营销的角度来研究消费者收入，通常从以下五个方面进行分析，如表 2－3 所示。

表 2－3　消费者收入分析

消费者收入	内 容 分 析
国民生产总值	它是衡量一个国家经济实力与购买力的重要指标。国民生产总值增长越快，对商品的需求和购买力就越大，反之，就越小
人均国民收入	这是用国民收入总量除以总人口的比值。这个指标大体反映了一个国家人民生活水平的高低，也在一定程度上决定商品需求的构成。一般来说，人均收入增长，对商品的需求和购买力就大，反之就小
个人可支配收入	指在个人收入中扣除消费者个人缴纳的各种税款和交给政府的非商业性开支后剩余的部分，可用于消费或储蓄的那部分个人收入，它构成实际购买力。个人可支配收入是影响消费者购买生活必需品的决定性因素
个人可任意支配收入	指在个人可支配收入中减去消费者用于购买生活必需品的费用支出（如房租、水电、食物、衣着等项开支）后剩余的部分。这部分收入是消费需求变化中最活跃的因素，也是企业开展营销活动时所要考虑的主要对象。这部分收入一般用于购买高档耐用消费品、娱乐、教育、旅游等
家庭收入	家庭收入的高低会影响很多产品的市场需求。一般来讲，家庭收入高，对消费品需求大，购买力也大；反之，需求小，购买力也小。另外，要注意分析消费者实际收入的变化。注意区分货币收入和实际收入

（2）消费者支出分析

随着消费者收入的变化，消费者支出会发生相应变化，继而使一个国家或地区的消费结构也会发生变化。德国统计学家恩斯特·恩格尔于 1857 年发现了消费者收入变化与支出模式，即消费结构变化之间的规律性。恩格尔所揭示的这种消费结构的变化通常用“恩格尔系数”来表示，即

恩格尔系数＝食品支出金额/家庭消费支出总金额。

恩格尔系数越小，食品支出所占比重越小，表明生活富裕，生活质量高；恩格尔系数越大，食品支出所占比重越高，表明生活贫困，生活质量低。

恩格尔系数是衡量一个国家、地区、城市、家庭生活水平高低的重要参数。企业从恩格尔系数可以了解目前市场的消费水平，也可以推知今后消费变化的趋势及对企业营销活动的影响。

（3）消费者储蓄分析

消费者的储蓄行为直接制约着市场消费量购买的大小。当收入一定时，如果储蓄增多，现实购买量就减少；反之，如果用于储蓄的收入减少，现实购买量就增加。居民储蓄倾向是受到利率、物价等因素变化所致。人们储蓄目的也是不同的，有的是为了养老，有的是为未来的购买而积累，当然储蓄的最终目的主要也是为了消费。企业应关注居民储蓄的增减变化，了解居民储蓄的不同动机，制定相应的营销策略，获取更多的商机。

（4）消费者信贷分析

消费者信贷，也称信用消费，指消费者凭信用先取得商品的使用权，然后按期归还贷款，完成商品购买的一种方式。信用消费允许人们购买超过自己现实购买力的商品，创造了更多的消费需求。随着我国商品经济的日益发达，人们的消费观念大为改变，信贷消费方式在我国逐步流行起来，值

得企业去研究。

3）自然环境分析

汽车使用环境，是指影响汽车使用的各种客观因素(如气候、地理、车用燃油、道路交通、城市建设等)。在市场营销分析中，自然环境是指影响社会生产的自然因素，主要包括自然资源和生态环境。

随着人类社会进步和科学技术发展，世界各国都加速了工业化进程，这就导致了资源短缺、环境污染等问题。汽车企业为了适应自然环境的变化，应该依靠科技进步，发展新材料，提高资源的综合利用，节约自然资源；积极主动地开发汽车新产品，加强对汽车节能、改进排放等新型技术的研究与应用。

(1) 自然资源日益短缺分析

自然资源可分为两类，一类为可再生资源，如森林、农作物等，这类资源是有限的，可以被再次生产出来，但必须防止过度采伐森林和侵占耕地；另一类是不可再生资源，如石油、煤炭、银、锡、铀等，这类资源蕴藏量有限，随着人类的大量地开采，有的矿产已近处于枯竭的边缘。自然资源短缺，使许多企业将面临原材料价格大涨、生产成本大幅度上升的威胁；但另一方面又迫使企业研究更合理地利用资源的方法，开发新的资源和代用品，这些又为企业提供了新的资源和营销机会。

(2) 环境污染日趋严重分析

工业化、城镇化的发展对自然环境造成了很大的影响，尤其是环境污染问题日趋严重，许多地区的污染已经严重影响到人们的身体健康和自然生态平衡。环境污染问题已引起各国政府和公众的密切关注，这对企业的发展是一种压力和约束，要求企业为治理环境污染付出一定的代价，但同时也为企业提供了新的营销机会，促使企业研究控制污染技术，兴建绿色工程，生产绿色产品，开发环保包装。对汽车生产企业来讲，不断地加大科研力度，研发低碳环保的产品就是主动适应环境变化的措施之一。

(3) 政府干预不断加强分析

自然资源短缺和环境污染加重的问题，使各国政府加强了对环境保护的干预，颁布了一系列有关环保的政策法规，这将制约一些企业的营销活动。有些企业由于治理污染需要投资，影响扩大再生产，但企业必须以大局为重，要对社会负责，对子孙后代负责，加强环保意识，在营销过程中自觉遵守环保法令，担负起环境保护的社会责任。同时，企业也要制定有效的营销策略，既要消化环境保护所支付的必要成本，还要在营销活动中挖掘潜力，保证营销目标的实现。

4）科技环境分析

科技环境，是指一个国家和地区整体科技水平的现状及其变化。科学技术是社会生产力中最活跃的因素，它影响着人类社会的历史进程和社会生活的方方面面，对企业营销活动的影响更是显而易见。现代科学技术突飞猛进，科技发展对企业营销活动影响作用表现，如图2-3所示。

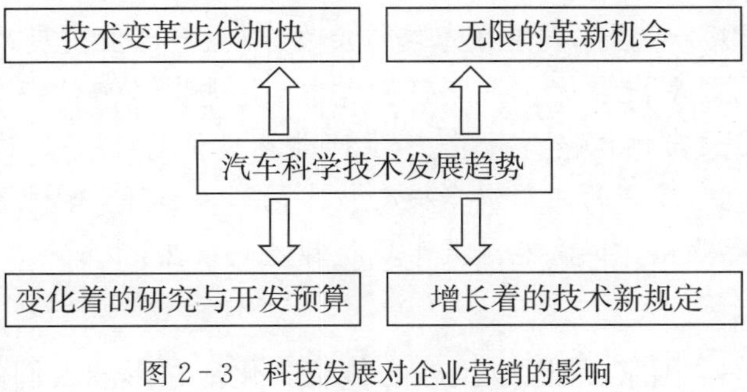

图2-3　科技发展对企业营销的影响

(1) 科技发展促进社会经济结构的调整

每一种新技术的发现、推广都会给有些企业带来新的市场机会，导致新行业的出现。同时，也会给某些行业、企业造成威胁，使这些行业、企业受到冲击甚至被淘汰。例如，电脑的运用代替了传统的打字机，复印机的发明排挤了复写纸，数码相机的出现抢走了胶卷的大部分市场，等等。

(2) 科技发展促使消费者购买行为的改变

随着多媒体和网络技术的发展，出现了“电视购物”、“网上购物”等新型购买方式。人们还可以在家中通过“网络系统”订购车票、飞机票、戏票和球票。工商企业也可以利用这种系统进行广告宣传、营销调研和推销商品。随着新技术革命的进展，“在家便捷购买、享受服务”的方式还会继续发展。

(3) 科技发展影响企业营销组合策略的创新

科技发展使新产品不断涌现，产品寿命周期明显缩短，要求企业必须关注新产品的开发，加速产品的更新换代。科技发展运用降低了产品成本，使产品价格下降，并能快速掌握价格信息，要求企业及时做好价格调整工作。科技发展促进流通方式的现代化，要求企业采用顾客自我服务和各种直销方式。科技发展使广告媒体多样化，信息传播快速化，市场范围广阔性，促销方式灵活性，为此，要求企业不断分析科技新发展，创新营销组合策略，适应市场营销的新变化。

(4) 科技发展促进企业营销管理的现代化

科技发展为企业营销管理现代化提供了必要的装备，如电脑、传真机、电子扫描装置、光纤通讯等设备的广泛运用，对改善企业营销管理，实现现代化起了重要的作用。同时，科技发展对企业营销管理人员也提出了更高要求，促使其更新观念，掌握现代化管理理论和方法，不断提高营销管理水平。科技环境对汽车市场有很大影响。科技竞争提高了国家综合实力，而经济实力的增长又为企业创造更多的营销机会；汽车工业的技术进步，可以直接促进汽车产品本身的发展，从而增加了汽车企业的市场营销机会；科技进步促进了汽车企业市场营销手段的现代化，引发了市场营销手段和营销方式的变革，极大地提高了汽车企业的市场营销能力。

5) 政治法律环境分析

汽车营销政策环境，是指对汽车产品的营销活动产生明显影响的政府有关方针、政策的总称。它包括中央政府和地方政府颁布的政府令、暂行条例、管理办法、实施意见等各种行政法规，包括鼓励性政策和限制性政策，也包括经济政策和非经济政策。汽车经销商的营销活动应符合政策规定，并注意其倾向性、稳定性和连续性。此外，经销商还必须注意一个国家的政体、政局、社会矛盾及与邻国的关系等因素的现状及其变化。

【案例分析】

自 2001 年“863”计划启动电动汽车专项以来，我国相继出台了一系列的政策，以此鼓励新能源汽车产业的发展。例如，2004 年国家发展改革委员会发布《汽车产业发展政策》，强调要重点发展混合动力汽车技术；2005 年，国家出台优化汽车产业结构，促进发展清洁汽车和电动汽车政策措施；2007 年 11 月，国家发改委颁布执行《新能源汽车生产准入管理规则》等。这些扶持政策有利于鼓励汽车企业加大科研投资力度，提高新能源汽车核心技术的研发水平，有利于鼓励汽车企业积极拓展市场，实现新能源汽车的产业化。但新能源汽车现状却是政策热，市场冷。

6) 社会文化环境分析

社会文化环境，是指一个国家、地区或民族的传统文化。它影响人们的购买行为，对企业不同的营销活动具有不同的接受程度。社会文化的发展与变化,决定了市场营销活动的发展与变化。

社会文化环境是指在一种社会形态下已经形成价值观念、宗教信仰、风俗习惯、道德规范等的总和。任何企业都处于一定的社会文化环境中,企业营销活动必然受到所在社会文化环境的影响和制约。为此,企业应了解和分析社会文化环境,针对不同的文化环境制定不同的营销策略,组织不同的营销活动。企业营销对社会文化环境的研究一般从以下四个方面入手。

(1) 教育状况分析

受教育程度的高低,影响到消费者对商品功能、款式、包装和服务要求的差异性。通常,文化教育水平高的国家或地区的消费者要求商品包装典雅华贵,对附加功能也有一定的要求。因此,企业营销开展的市场开发、产品定价和促销等活动都要考虑到消费者所受教育程度的高低,采取不同的策略。

(2) 宗教信仰分析

宗教是构成社会文化的重要因素,宗教对人们消费需求和购买行为的影响很大。不同的宗教有自己独特的对节日礼仪、商品使用的要求和禁忌。某些宗教组织甚至在教徒购买决策中有决定性的影响。为此,企业可以把影响大的宗教组织作为自己的重要公共关系对象,在营销活动中也要注意到不同的宗教信仰,以避免由于矛盾和冲突给企业营销活动带来的损失。

【案例分析】

在信仰佛教的国家,黄色具有神圣、尊贵之意;在信仰基督教的国家,却被认为是叛徒的衣服颜色,具有卑劣可耻的意思;在信仰伊斯兰教的国家,黄色被认为是丧色,具有不幸和死亡之意。

(3) 价值观念分析

价值观念是指人们对社会生活中各种事物的态度和看法。不同文化背景下,人们的价值观念往往有着很大的差异,消费者对商品的色彩、标识、式样以及促销方式都有自己褒贬不同的意见和态度。企业营销必须根据消费者不同的价值观念设计产品,提供服务。

(4) 消费习俗分析

消费习俗是指人们在长期经济与社会活动中所形成的一种消费方式与习惯。不同的消费习俗,具有不同的商品要求。研究消费习俗,不但有利于组织消费用品的生产与销售,而且有利于正确、主动地引导健康的消费。了解目标市场消费者的禁忌、习惯、避讳等是企业进行市场营销的重要前提。

【想一想】

为什么在国外广受欢迎的两厢车在20世纪90年代的中国汽车市场却遭遇了销售不畅?为什么现在却越来越受欢迎?

小组讨论

1. 案例导入

新能源汽车

随着传统化石能源储量枯竭期的逐渐临近,以及其燃烧排放导致人类生存环境日趋恶化,“低碳经济、节能减排”已成为全球关注的热门话题。人类和地球怎样和谐共处,世界怎样得到可持续发展,引起了国际范围内的热烈讨论,应对全球气候变化的呼声越来越高。在节能环保的前提下又不限制汽车工业的发展?除了发展轻型小排量的传统汽车外,新能源汽车的出现,无疑是一个两全其美的选择。

同时各个国家都相继出台了一系列的政策,以此鼓励新能源汽车产业的发展。

2013年,全球最怪异的“汽车事件”当属美国的电动汽车Tesla“特斯拉现象”。与此同时,在美国本土风光无限的特斯拉也对外表示,将出击全球最大的汽车市场中国,其首家销售店将落户北京,选址建店正在进行中。

我国一直处于亏损状态的比亚迪,在国外却接到了大量的订单,预计2013年上半年净利润同比增长超过1 000%。尽管比亚迪电动车在国内销量平平,但并未影响其“远走”海外的信心。比亚迪总裁王传福近日将其E6纯电动车出口美国,将首先面向出租车队。按照比亚迪此前确定的市场推广规划,其在2013年计划将电动车销量提升至2012年的3倍以上,并在今年将电动车产品引入中国香港和英国市场,并考虑进一步扩张至欧洲其他国家以及东南亚和南美等区域。

自2001年“863”计划启动电动汽车专项以来,我国相继出台了一系列的政策,以此鼓励新能源汽车产业的发展。但新能源汽车现状却是政策热,市场冷!

2. 小组讨论

(1) 指导老师对全班学生进行分组,6～8人为一个小组,每个小组推选一位组长;

(2) 各小组应围绕案例,充分讨论影响我国新能源汽车营销的环境因素有哪些;

(3) 各小组从市场营销环境的角度,讨论为什么美国的特斯拉会成功,而我国的比亚迪还处于摸索爬行阶段;

(4) 专业老师对各小组及组员的讨论过程进行适当的指导,各小组成员将自己的讨论内容填入表2-4;

表2-4 讨论表

讨论表			
组长		组员	
讨论案例	新能源汽车的市场营销环境		
讨论内容1:影响我国新能源汽车营销的环境因素。			

（续表）

讨　论　表
讨论内容 2：从市场营销环境的角度，为什么美国的特斯拉会成功，而我国的比亚迪为什么会失败？

（5）各小组经过充分讨论后，推荐一名组员作代表，依次上台演讲本小组的讨论结果。

3. 学习评估

指导老师根据该组的团体表现及各组员的个人表现，对其讨论过程进行评估，评估标准如表 2－5 所示。

表 2－5　学习评估表

内　　容	满分	得分	点评（优点及可提高部分）
1. 讲述过程流畅、声音洪亮、表情自然	10		
2. 自然环境分析	20		
3. 经济环境分析	20		
4. 科技环境分析	20		
5. 政治法律环境分析	20		
6. 社会环境分析	10		

复习思考题

1. 什么是汽车市场营销环境？
2. 影响汽车市场营销的宏观环境因素有哪些？

任务2　汽车市场营销微观环境分析

学习目标

能够分析微观环境对汽车市场营销的影响。

学习内容

1. 汽车市场营销微观环境的含义；
2. 微观环境各因素。

知识准备

1. 汽车市场营销微观环境的含义

微观环境因素是指存在于企业周围并密切影响其营销活动的各种因素和条件，包括供应商、竞争者、购买者(顾客)、中间商、公众以及企业自身等，如图 2-4 所示。

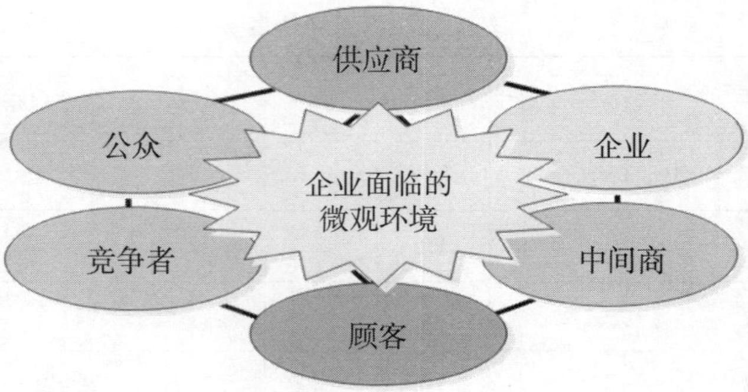

图 2-4　汽车微观环境

2. 微观环境各因素

1) 供应商分析

(1) 供应商分析的必要性

供应商是指对企业进行生产所需而提供特定的原材料、辅助材料、设备、能源、劳务、资金等资源的供货单位。这些资源的变化直接影响到企业产品的产量、质量以及利润，从而影响企业营销计划和营销目标的完成。汽车零部件、设备、技术、劳务、能源、资金等供应商是汽车企业营销能否顺利开展的重要因素，是对营销产生直接影响的“小气候”。

(2) 供应商对企业营销的影响作用

① 供应的及时性和稳定性

原材料、零部件、能源及机器设备等货源的保证供应，是企业营销活动顺利进行的前提。例如，棉纺厂不仅需要棉花等原料来进行加工，还需要设备、能源作为生产手段与要素，任何一个环节在供应上出现了问题，都会导致企业的生产活动无法正常开展。为此，企业为了在时间上和连续性上保证得到货源的供应，就必须和供应商保持良好的关系，必须及时了解和掌握供应商的情况，分析其状况和变化。

② 供应的货物价格变化

供应的货物价格变动会直接影响企业产品的成本。如果供应商提高原材料价格，必然会带来企业的产品成本上升，生产企业如提高产品价格，会影响市场销路；可以使价格不变，但会减少企业的利润。为此，企业必须密切关注和分析供应商的货物价格变动趋势，使企业应变自如，早作准备，积极应对。

③ 供货的质量保证

供应商是否供应质量有保证的生产资料直接影响到企业产品的质量，进一步会影响到销售量、利润及企业信誉。例如，劣质葡萄难以生产质优葡萄酒，劣质建筑材料难以保证建筑物的百年大计。为此，企业必须了解供应商的产品，分析其产品的质量标准，从而来保证自己产品的质量，赢得消费者，赢得市场。

2）企业内部分析

企业开展营销活动要充分考虑到企业内部的环境力量和因素。企业是组织生产和经营的经济单位，是一个系统组织。企业内部一般设立计划、技术、采购、生产、营销、质检、财务、后勤等部门。企业内部各职能部门的工作及其相互之间的协调关系，直接影响企业的整个营销活动。

营销部门与企业其他部门之间既有多方面的合作，也经常与生产、技术、财务等部门发生矛盾。由于各部门各自的工作重点不同，有些矛盾往往难以协调。例如，生产部门关注的是长期生产的定型产品，要求品种规格少、批量大、标准订单、较稳定的质量管理，而营销部门注重的是能适应市场变化、满足目标消费者需求的“短、平、快”产品，则要求多品种规格、少批量、个性化订单、特殊的质量管理。所以，企业在制订营销计划，开展营销活动时，必须协调和处理好各部门之间的矛盾和关系。这就要求进行有效沟通，协调、处理好各部门的关系，营造良好的企业环境，更好地实现营销目标。

【案例分析】

1980 年，野马之父、传奇企业家李·亚科卡入主濒临破产的克莱斯勒汽车公司，采取了大刀阔斧的变革措施，进行大规模的剥离重组和人事调整，重新制定财务政策，采取新的产品战略和销售战略，内建评审制度，外争政府资助，结果使克莱斯勒起死回生。

3）营销中介分析

（1）营销中介分析的必要性

营销中介是指为企业营销活动提供各种服务的企业或部门的总称。

营销中介对企业营销产生直接的、重大的影响，只有通过有关营销中介所提供的服务，企业才能把产品顺利地送达到目标消费者手中。营销中介的主要功能是帮助企业推广和分销产品。

（2）营销中介分析的主要对象

① 中间商。指把产品从生产商流向消费者的中间环节或渠道，它主要包括批发商和零售商两大类。中间商对企业营销具有极其重要的影响，它能帮助企业寻找目标顾客，为产品打开销路，为顾客创造地点效用、时间效用和持有效用。一般企业都需要与中间商合作，来完成企业营销目标。为此，企业需要选择适合自己营销的合格中间商，必须与中间商建立良好的合作关系，必须了解和分析其经营活动，并采取一些激励性措施来推动其业务活动的开展。

② 营销服务机构。指企业营销中提供专业服务的机构，包括广告公司、广告媒介经营公司、市场调研公司、营销咨询公司、财务公司等。这些机构对企业的营销活动会产生直接的影响，它们的

主要任务是协助企业确立市场定位，进行市场推广，提供活动方便。一些大企业或公司往往有自己的广告和市场调研部门，但大多数企业则以合同方式委托一些专业公司来办理有关事务。为此，企业需要关注、分析这些服务机构，选择最能为本企业提供有效服务的机构。

③ 物流机构。指帮助企业进行保管、储存、运输的物流机构，包括仓储公司、运输公司等。物资分销机构的主要任务是协助企业将产品实体运往销售目的地，完成产品空间位置的移动。到达目的地之后，还有一段待售时间，还要协助保管和储存。这些物流机构是否安全、便利、经济将直接影响企业营销效果。因此，在企业营销活动中，必须了解和研究物资分销机构及其业务变化动态。

④ 金融机构。指企业营销活动中进行资金融通的机构，包括银行、信托公司、保险公司等。金融机构的主要功能是为企业营销活动提供融资及保险服务。在现代化社会中，任何企业都要通过金融机构开展经营业务往来。金融机构业务活动的变化还会影响企业的营销活动，比如银行贷款利率上升，会使企业成本增加；信贷资金来源受到限制，会使企业经营陷入困境。为此，企业应与这些公司保持良好的关系，以保证融资及信贷业务的稳定和渠道的畅通。

4）顾客分析

(1) 顾客分析的必要性

顾客是指使用进入消费领域的最终产品或劳务的消费者和生产者，也是企业营销活动的最终目标市场。顾客对企业营销的影响程度远远超过前述的环境因素。顾客是市场的主体，任何企业的产品和服务，只有得到了顾客的认可，才能赢得这个市场，现代营销强调把满足顾客需要作为企业营销管理的核心。

(2) 顾客分析的市场类型

① 消费者市场。指为满足个人或家庭消费需求购买产品或服务的个人和家庭。

② 生产者市场。指为生产其他产品或服务，以赚取利润而购买产品或服务的组织。

③ 中间商市场。指购买产品或服务以转售，从中赢利的组织。

④ 政府市场。指购买产品或服务，以提供公共服务或把这些产品及服务转让给其他需要的人的政府机构。

⑤ 国际市场。指国外购买产品或服务的个人及组织，包括外国消费者、生产商、中间商及政府。

(3) 顾客分析的要求

上述五类市场的顾客需求各不相同，要求企业以不同的方式提供产品或服务，它们的需求、欲望和偏好直接影响企业营销目标的实现。为此，企业要注重对顾客进行研究，分析顾客的需求规模、需求结构、需求心理以及购买特点，这是企业营销活动的起点和前提。

5）社会公众分析

(1) 社会公众分析的必要性

社会公众是企业营销活动中与企业营销活动发生关系的各种群体的总称。公众对企业的态度，会对其营销活动产生巨大的影响，它既可以有助于企业树立良好的形象，也可能妨碍企业的形象。所以企业必须采取处理好与主要公众的关系，争取公众的支持和偏爱，为自己营造和谐、宽松的社会环境。

(2) 社会公众分析的对象

① 金融公众。主要包括银行、投资公司、证券公司、股东等，他们对企业的融资能力有重要的影响。

② 媒介公众。主要包括报纸、杂志、电台、电视台等传播媒介，他们掌握传媒工具，有着广泛的社会联系，能直接影响社会舆论对企业的认识和评价。

③ 政府公众。主要指与企业营销活动有关的各级政府机构部门，他们所制定的方针、政策、对企业营销活动或是限制，或是机遇。

④ 社团公众。主要指与企业营销活动有关的非政府机构，如消费者组织、环境保护组织，以及其他群众团体。企业营销活动涉及到社会各方面的利益，来自这些社团公众的意见、建议，往往对企业营销决策有着十分重要的影响作用。

⑤ 社区公众。主要指企业所在地附近的居民和社区团体。社区是企业的邻里，企业保持与社区的良好关系，为社区的发展作一定的贡献，会受到社区居民的好评，他们的口碑能帮助企业在社会上树立形象。

⑥ 内部公众。指企业内部的管理人员及一般员工，企业的营销活动离不开内部公众的支持。应该处理好与广大员工的关系，调动他们开展市场营销活动的积极性和创造性。

6）竞争者分析

（1）分析竞争者的必要性

竞争是商品经济的必然现象。在商品经济条件下，任何企业在目标市场进行营销活动时，不可避免地会遇到竞争对手的挑战。即使在某个市场上只有一个企业在提供产品或服务，没有“显在”的对手，也很难断定在这个市场上没有潜在的竞争企业。

汽车企业竞争对手的状况将直接影响企业营销活动。如竞争对手的营销策略及营销活动的变化就会直接影响企业营销，最为明显的是竞争对手的产品价格、广告宣传、促销手段的变化，以及产品的开发、销售服务的加强都将直接对企业造成威胁。为此，企业在制定营销策略前必须先弄清竞争对手，特别是同行业竞争对手的生产经营状况，做到知己知彼，有效地开展营销活动。

（2）竞争者类型

① 按市场产品分有愿望竞争者、平行竞争者、产品形式竞争者、品牌竞争者。

a. 愿望竞争者是提供不同产品以满足不同需要的竞争者。例如，消费者要选择一种万元商品，他面临的选择有电脑、摄像机、电视机、出国旅游等。这时电脑、摄像机、电视机以及出国旅游之间就存在着竞争关系。

b. 平行竞争者是提供不同产品满足同一需求的竞争者。例如，同样制造交通工具，汽车制造企业与摩托车、自行车、卡车的制造企业之间存在竞争关系。

c. 产品形式竞争者是提供同种产品，但提供不同级别、款式、性能的竞争者。例如，大众汽车公司与福特汽车公司都提供1.8排量的车辆，但车辆的外观、功能配置等都不同。

d. 品牌竞争者是提供同类产品但品牌不同的竞争者。例如，宝马与奔驰都提供汽车，但品牌不同。

② 按企业的竞争地位分，有市场引领者、市场挑战者、市场追随者、市场补缺者。

a. 市场引领者是在相关产品市场上占有率最高的企业。

b. 市场挑战者是在行业中名列第二、第三等次要地位的企业，也称为亚军企业或者追赶企业。是向市场引领者和其他竞争者发动进攻，以夺取更大的市场占有率，这时他们称为市场挑战者。

c. 市场追随者是维持现状，避免与市场领导者和其他竞争者引起争端，通过追随、模仿、学习、借鉴，避免落伍的企业。

d. 市场补缺者是专心致力于市场中被大企业忽略的某些细分市场，拾遗补缺，通过专业化经营在小市场上获取最大限度的收益的企业。

（3）竞争者分析的内容

一般来说，企业在营销活动中需要对竞争对手了解、分析以下情况：

① 竞争企业的数量有多少；

② 竞争企业的规模和能力的大小强弱；

③ 竞争企业的对竞争产品的依赖程度；

④ 竞争企业所采取的营销策略及其对其他企业策略的反应程度；

⑤ 竞争企业能够获取优势的特殊材料来源及供应渠道。

7）我国的汽车市场微观环境分析

（1）新产品竞相登场

新产品的出现使市场上产品的竞争格局发生重大变化，乘用车产品的更新周期越来越短、市场需求进一步分化。

（2）充分利用两个市场

我国汽车产业共建立了400余家合资企业，投资外商来自20多个国家和地区，我们可以充分利用国外强势品牌和成熟技术，在国内市场上大展宏图。

（3）尊重市场谋求持续发展

各乘用车生产企业已逐步放弃无视市场需求、一味追求产值的做法，转而更加注意稳步有效地持续发展我国乘用车市场营销微观环境分析。

（4）开展全方位竞争

各乘用车企业都加大产品技术含量，努力提高产品质量、配件供货率、售后服务承诺履约率等，这些都反映出企业的竞争已从原始的价格竞争走向了多元化全方位的经营竞争。

（5）有效引入国际营销模式

新的营销理念、直销网络和订单销售方式引入中国，改变了乘用车生产经营者和消费者的各种固有观念。

（6）乘用车用户结构发生改变

以公费消费为主的乘用车市场用户结构发生明显变化，公款购车比例下降，公车中商务用车比例上升，私人购车保持了增长势头，2003年私人用户超过市场总需求量的50%。

（7）车型结构进行重组

自从引进乘用车生产项目，长期以来中级车占据了市场的绝对主导地位，随着产品的进一步丰富、选择的多样化，用户群体还将不断细分。

小组讨论

1. 案例导入

特斯拉出击中国新能源汽车市场

2013年在全球电动汽车深陷低谷的背景下，特斯拉S型电动跑车在美国市场销售火爆，特斯拉超越大部分豪华乘用车的售价，主要面对的是需要树立公众形象为自己贴上环保标签的美国富豪们。

特斯拉在技术上的创新一个是电池组的动力和容量要足够大，同时还要保证安全和充电的高效率；另一个是大容量的电池组不能因自重过大而将动力内耗掉。特斯拉正在充电设施方面的创新：凭借其在太阳能领域的资源，厂家为每位车主配套安装住宅太阳能充电设施；公共太阳能充电站也是由厂家投资兴建，特斯拉用户可享受免费或优惠充电。目前特斯拉的充电站主要集中在加州，但正在向东部和北部扩展，按照规划，今年年底之前，特斯拉车主可从西海岸一路开到东海岸。在充电模式上，特斯拉的“超级充电站”在全球率先采用了效率极高的脉冲充电，半小时快充即可保证高速限速行驶3个小时。特斯拉的未来目标是：充电时间要缩短至和传统汽车加油一样快捷。

特斯拉会在所选择的各大都市的高档休闲区设置“橱窗式＋展厅式”的“品牌交流店”的形式进销售。特斯拉主要是靠网络和直营店销售，品牌主要是靠社交网络传播做起来的，这为其节省了大量广告投入。但特斯拉的直营店销售模式在多个州被判“不公平竞争”而受阻，受到了传统汽车经销商排挤。

与此同时，在美国本土风光无限的特斯拉也对外表示，将出击全球最大的汽车市场中国，其首家销售店将落户北京，选址建店正在进行中。

2. 小组讨论

(1) 指导老师对全班学生进行分组，6～8人为一个小组，每个小组推选一位组长；

(2) 各小组应围绕案例，充分讨论美国的特斯拉汽车都从哪些方面进行了市场营销；

(3) 如果你是特斯拉汽车的市场环境分析师，特斯拉汽车想要成功进入中国新能源汽车市场，你需要对中国的汽车市场营销环境作哪些分析；

(4) 专业老师对各小组及组员的讨论过程进行适当的指导，各小组成员将自己的讨论内容填入表2-6。

(5) 经过充分的讨论，各小组推选一名组员作为代表，上台演讲本小组的讨论结果。

表2-6　讨论表

讨　论　表			
组长		组员	
讨论案例	特斯拉出击中国新能源汽车市场		
讨论内容1：美国的特斯拉汽车的市场营销手段有哪些？			
讨论内容2：为特斯拉汽车在中国的推广进行市场营销环境分析。			

3. 学习评估

指导老师根据该组的团体表现及各组员的个人表现，对其讨论过程进行评估，评估标准如表 2－7 所示。

表 2－7　学习评估表

内　　容	满分	得分	点评（优点及可提高部分）
1. 讲述过程流畅、声音洪亮、表情自然	5		
2. 顾客分析	20		
3. 企业内部分析	20		
4. 营销中介分析	20		
5. 社会公众分析	20		
6. 竞争者分析	15		

复习思考题

1. 影响汽车市场营销的微观环境因素有哪些?
2. 分析汽车市场营销的微观环境因素。

任务3　分析应对汽车营销环境变化

学习目标

能够分析应对汽车市场营销环境变化。

学习内容

1. 企业对待汽车营销环境的态度；
2. 分析汽车市场营销环境的方法；
3. 应对环境变化的策略。

知识准备

1. 企业对待营销环境的态度

市场营销环境通过对企业构成环境威胁或提供市场机会而影响营销活动。

环境威胁是指环境中不利于企业营销的因素的发展趋势，对企业形成挑战，对企业的市场地位构成威胁。

市场机会指对企业营销活动富有吸引力的领域，在这些领域，企业拥有竞争优势。

企业的一切营销活动必须和营销环境相适应，这是企业经营成败的关键。现代营销理论认为，企业的营销是一种主动的、能动的活动。因此，企业应该积极主动地去分析环境、认识环境，用不同的方式增加适应环境的能力，避免来自营销环境的威胁，也可以在变化的环境中寻找机会，并在一定条件下改变营销环境。

2. 营销环境分析及方法

1）营销环境分析

企业对于每种营销环境的变化给企业带来的营销机会和环境威胁，应从数量上或程度上予以分析，运用比较的方法，找出和抓住最有吸引力的营销机会，避开最严重的环境威胁，这种分析方法就是营销环境分析。

2）营销环境分析方法

(1) SWOT 分析法

营销环境分析的具体方法有 SWOT 分析法（企业内外环境对照法），主要使用“威胁分析矩阵图”和“机会分析矩阵图”分析，对汽车市场营销环境进行综合分析，对公司的优势、劣势、机会和威胁进行全面评估，如图 2－5 所示。

SWOT 分析实际上是将对企业内外部条件各方面内容进行综合和概括，进而分析企业的优劣势、面临的机会和威胁的一种方法。其中，优劣势分析主要是着眼于企业自身的实力及其与其竞争对手的比较，而机会和威胁分析将注意力放在外部环境的变化及对企业的可能影响上。

(2) SWOT 分析的目的

SWOT 分析的目的，如图 2－6 所示。

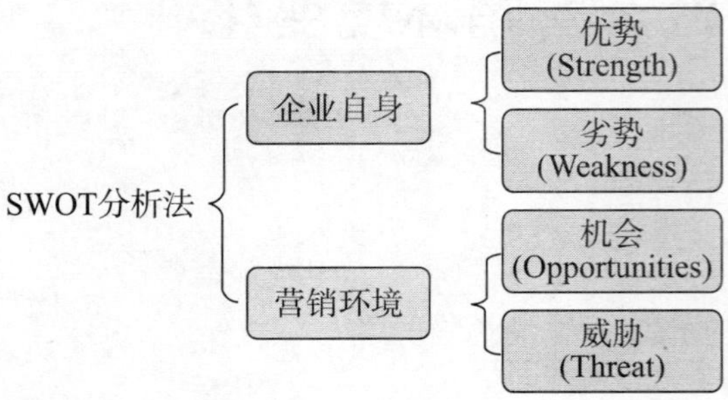

图 2-5　SWOT 分析图

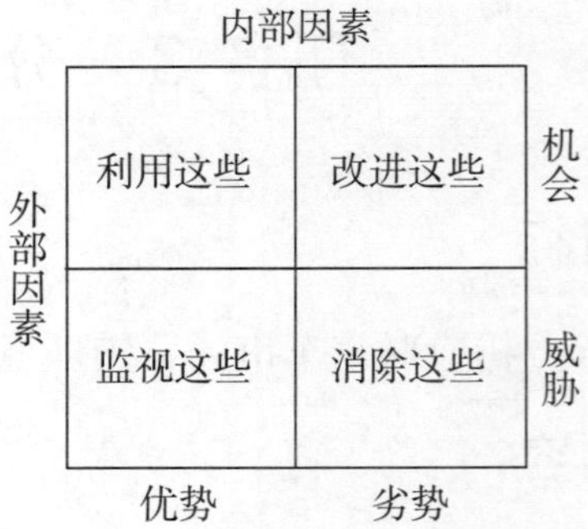

图 2-6　SWOT 分析的目的

(3) 建立 SWOT 表时考虑的问题

建立 SWOT 表时考虑的问题，如表 2-8 所示。

表 2-8　建立 SWOT 表时考虑的问题

优　势	劣　势
1. 擅长什么？	1. 什么做不到？
2. 企业有什么新技术？	2. 缺乏什么技术？
3. 能做什么别人做不到的？	3. 别人有什么比我们好？
4. 和别人有什么不同？	4. 不能够满足何种顾客？
5. 顾客为什么亲？	5. 顾客为什么疏？
6. 最近因何成功？	6. 最近因何失败？
机　会	**威　胁**
1. 市场中有什么适合我们的机会？	1. 市场最近有什么改变？
2. 可以学什么技术？	2. 竞争者最近在做什么？
3. 可以提供什么新的技术/服务？	3. 是否赶不上顾客需求的改变？
4. 可以吸引什么新顾客？	4. 政治环境的改变是否会影响企业？
5. 怎样可以与众不同？	5. 是否有什么事可能会威胁到企业的生存？
6. 企业在 5～10 年内的发展？	

(4) 优势、劣势分析

每个企业都要定期检查自己的优势和劣势，并通过分析，研究自己究竟是只局限在已拥有优势的机会中，还是去获取和发展某些优势以找到更好的机会。

① 可能存在的优势

一个企业具有了优势就具有了超越其竞争对手的能力，或者具有了公司所特有的能提高公司竞争力的东西。企业竞争优势主要表现在以下五个方面。

a. 技术技能优势；

b. 无形资产优势；

c. 人力资源优势；

d. 企业体系优势；

e. 竞争能力优势。

② 可能存在的劣势

企业的劣势是指能力和资源方面的缺少或者缺陷。可能导致内部弱势的因素有以下三个方面。

a. 缺乏具有竞争意义的技能技术；

b. 缺乏有竞争力的有形资产、无形资产、人力资源、企业资产；

c. 关键领域里的竞争能力正在丧失。

(5) 机会、威胁分析

① 机会分析矩阵

机会是指营销环境中对企业营销的有利因素，即企业可取得竞争优势和差别利益的市场机会。机会分析主要考虑其潜在的吸引力和成功的可能性。通过矩阵分析法，可以明确自己的机会和发展方向，如图 2-7 所示。

如果某种环境变化对企业营销机会的“潜在吸引力”大，而企业营销活动“成功可能性”也大。表明该种环境变化将对企业的营销活动非常有利，企业应抓住这样的机会。

② 威胁分析矩阵

威胁是指一种不利的发展趋势所形成的挑战。环境威胁的分析，一般着眼于两个方面：一是分析威胁的潜在严重性，即影响程度；二是分析威胁出现的可能性，即发生概率，如图 2-8 所示。

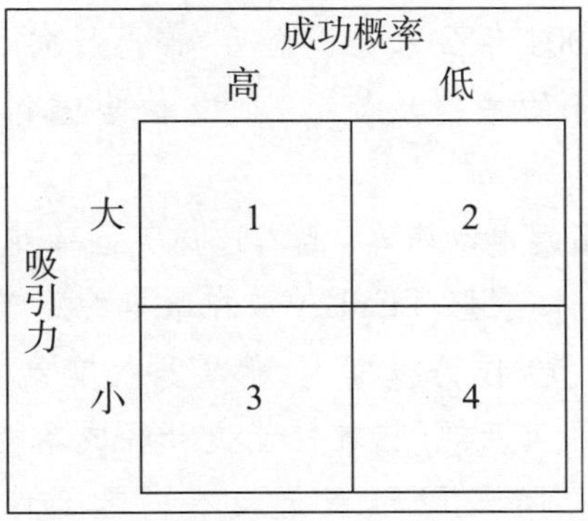

图 2-7　机会分析矩阵

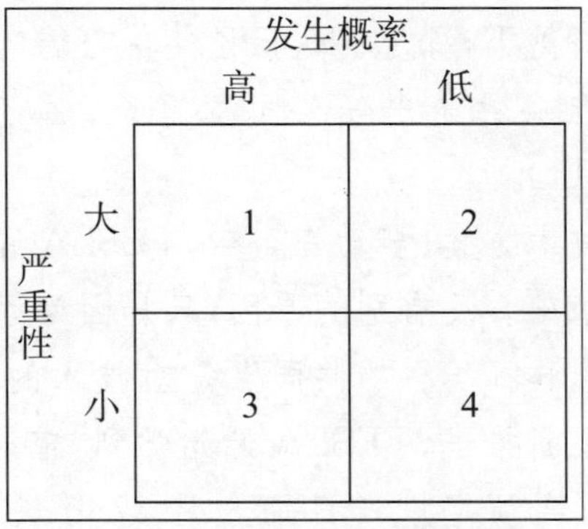

图 2-8　威胁分析矩阵

如果某种营销环境变化对企业营销活动的“潜在严重性大”，而这种“出现威胁的发生概率”也大。表明该种环境变化将对企业的营销活动产生非常不利的影响，企业应及时调整营销策略，以避开或减轻威胁。

3. 企业应对环境威胁的策略

对企业市场营销来说，最大的挑战莫过于环境变化对企业造成的威胁。企业可以采取以下三种策略，如表 2-9 所示。

表 2－9　企业应对环境威胁的策略

对策	内　容	案　例
对抗策略	试图限制或扭转不利因素的发展	不少汽车公司通过游说中央政府督促地方取消地方保护、取消牌照控制等
减轻策略	通过改变营销策略，以减轻威胁的程度	针对油价上涨因素，转向开发低油耗汽车
转移策略	将受威胁的产品转移到其他市场或进行投资转移，实行多角化经营	在 2004 年汽车市场增幅下降的时候，很多自主品牌汽车转向开拓国际市场，而现在却把重点转向国内市场。

小组讨论

1. 案例导入

比亚迪和特斯拉分别进军美国和中国市场

1. 特斯拉汽车背景资料

硅谷工程师、资深车迷、创业家马丁·艾伯哈德在寻找创业项目时发现，美国很多停放丰田混合动力汽车普锐斯的私家车道上经常还会出现些超级跑车的身影。他认为，这些人不是为了省油才买普锐斯，普锐斯只是这群人表达对环境问题的方式。于是，他有了将跑车和新能源结合的想法，而客户群就是这群有环保意识的高收入人士和社会名流。

2003 年 7 月 1 日，马丁·艾伯哈德与长期商业伙伴马克·塔彭宁合伙成立特斯拉汽车公司，并将总部设在美国加州的硅谷地区。成立后，特斯拉开始寻找高效电动跑车所需的投资和材料。

由于马丁·艾伯哈德毫无这方面的制造经验，最终找到 ACPropulsion 公司。当时，对 ACPropulsion 公司电动汽车技术产生兴趣的还有艾龙·穆思科。在 ACPropulsion 公司 CEO 汤姆·盖奇的引见下，穆思科认识了艾伯哈德的团队。2004 年 2 月会面之后，穆思科向 TESLA 投资 630 万美元，但条件是出任公司董事长、拥有所有事务的最终决定权，而艾伯哈德作为创始人任 TESLA 的 CEO。

在有了技术方案、启动资金后，TESLA 开始开发高端电动汽车，他们选择英国莲花汽车的 Elise 作为开发的基础。没有别的原因，只是因为莲花是唯一一家把 TESLA 放在眼里的跑车生产商。

艾伯哈德和穆思科的共同点是对技术的热情。但是，作为投资人，穆思科拥有绝对的话语权，随着项目的不断推进，TESLA 开始尝到“重技术研发轻生产规划、重性能提升轻成本控制”的苦果。2007 年 6 月，离预定投产日期 8 月 27 日仅剩下两个月时，TESLA 还没有向零部件供应商提供 Roadster 的技术规格，核心的部件变速箱更是没能研制出来。另一方面，TESLA 在两个月前的融资中向投资人宣称制造 Roadster 的成本为 6.5 万美元，而此时成本分析报告明确指出 Roadster 最初 50 辆的平均成本将超过 10 万美元。

投资人穆思科以公司创始人艾伯哈德产品开发进度拖延、成本超支为由撤销其 CEO 的职务，几个月后艾伯哈德只能离开 TESLA。他的搭档、公司另一位创始人塔彭宁不久也选择了离开。穆思科的团队最终选择了折中方案：优化一挡变速器，尽快投产。

2008 年 2 月，TESLA 开始交付第一辆 Roadster，最初的 7 辆车作为“创始人系列”提供给穆思科和其他出资人，这份名单里有谷歌拉里·佩奇、谢尔盖·布林(SergeyBrin)，ebay 杰夫·斯科尔等，当然也包括已离开公司的艾伯哈德。

2008年10月份，Roadster实现量产，尽管产品的下线时间比原计划晚了半年多，但首批客户依旧表现出足够的容忍，1 000名客户中只有30名要求退款，而空缺出来的名额很快就被新订单填满。从布拉德·皮特、乔治·布鲁尼、施瓦辛格再到谷歌的两位创始人，TESLA的客户名单几乎就是一张全球财富榜。

2. 比亚迪汽车背景资料

比亚迪股份有限公司（以下简称“比亚迪”）创立于1995年，是一家香港上市的高新技术民营企业。

2003年，比亚迪正式收购西安秦川汽车有限责任公司（现“比亚迪汽车有限公司”），进入汽车制造与销售领域，开始民族自主品牌汽车的发展征程。发展至今，比亚迪已建成西安、北京、深圳、上海四大汽车产业基地，在整车制造、模具研发、车型开发等方面都达到了国际领先水平，产业格局日渐完善并已迅速成长为中国最具创新的新锐品牌。汽车产品包括各种高、中、低端系列燃油乘用车，以及汽车模具、汽车零部件、双模电动汽车、纯电动汽车等。

比亚迪纯电动车E6终于在2010年1月中旬获得工信部新产品目录公示，迎来了正式上路的曙光。

2013年1月，比亚迪汽车董事长王传福宣称比亚迪下一步发展最大的筹码为包括混合动力在内的电动汽车多项技术的创新。基于此，比亚迪将在2015年成为中国第一车企。

这并不是王传福第一次许下宏愿。早在2007年，当比亚迪的年产量只有10万辆汽车时，王就放话说要在2015年做“中国第一”，并随后将这一目标膨胀为在2025年成为世界第一，并在2010年打进新能源汽车的桥头堡美国市场。

但随着比亚迪各种跃进计划的不断推迟，王传福靠电动车上位的宏愿也越来越可望不可及。这一次，谁能为他的宏愿背书？

1）比亚迪生存的宏观环境已发生改变

当年支撑比亚迪神话的宏观环境已然改变。

中国汽车市场在2012年仍保持了世界第一大汽车市场的地位，但单位数的增长以及各种限制性政策的出台已让井喷时代一去不复返。

新能源的光环也已不再。2008年7月，原油价格达到每桶147美元的天价，能源危机论不断被提起，替代能源的急迫性被不断重提，由此新能源汽车才有了用武之地。但此概念很快即随着金融危机的爆发以及原油价格的回落变得暗淡。

更为重要的是，电动车基因里的政府因素，并不受王传福掌控。

利好仍在不断出台。2012年10月18日，工信部发布《关于组织开展新能源汽车产业技术创新工程的通知》，扶持新能源汽车的态度表露无遗。随后，上海、郑州等地方政府相继出台发展新能源汽车的地方法规。

但分析人士指出，比亚迪很难把这些利好真正变现。

太阳能电站、储能电站和电动车是王传福的三大绿色梦想。其中，电动车则一直是王传福引以为傲的产品。借深圳大运会之际，比亚迪纯电动车E6成功进入深圳公共交通领域，主攻公交系统成了比亚迪纯电动车的推广方向。

据比亚迪介绍，2012年获得500辆E6纯电动出租车的订单以及深圳政府500辆警务车的订单，目前正陆续交付使用，2013 年上半年将完成交付，而这势必给充电配套带来更大的压力。

“到目前为止，纯电动汽车除了价格高以外，行使里程短、充电不方便成为电动车推广的最主要障碍。”第一创业证券在研究报告中如是说。

2) 政府手握电动车命脉

实际上，不仅配套设施的投入依赖地方政府，订单“命脉”更是掌握在地方政府手中。

比亚迪电动车投放量最大的市场是深圳，从 2009 年起，深圳被选定为全国新能源汽车的“双试点”城市。作为自主品牌、深圳本土的比亚迪电动车，受到深圳政府的鼎立支持，借“大运会”的契机，成功进入深圳公共交通系统。但是“大运会”后，电动车的发展出现停滞。

据了解，800 辆纯电动出租车目前并未全部交付使用。即使按 800 辆计算，也未及原计划投放的四分之一。

目前，地方政府对新能源汽车补贴在全国而言还是少数，深圳是对电动车直接补贴最多的地方政府。王传福深知电动车对政府对补贴的依赖，短期内私人电动车市场难启动，他把主力集中在城市公交系统上。

2012 年 11 月，比亚迪推出“零元购车、零成本、零风险、零排放”城市公交电动化解决方案。该方案通过引进金融合作伙伴为购买者提供信贷支持，并提供融资性租赁、经营性租赁、买方信贷三种模式。

王传福算了一笔帐，E6 扣掉中央、地方补贴之后车价 18 万，5 年报废，月供 3 500 元。但是每公里可以省 6 毛钱(汽油车平均成本 0.8 元/公里，电动车 0.2 元/公里)，深圳出租车一天跑 500 公里，一个月省 9 000 块钱。省下的钱就大于月供的钱。

业内人士指出，抛开技术不谈，发展新能源公交首先面对的将是严重的地方保护主义。凡是有汽车公司坐镇的城市，外地品牌的电动车很难获取试运营的机会。

王传福表示，新能源的推广和地方政府密不可分，未来比亚迪会在更多地方设立工厂，加强与政府的关系。哪怕是设立一个组装厂，享受的地方的政策就不一样了。

另外积极的一面是，王传福不仅在国内寻找机会，他也把目光瞄向了海外市场。据比亚迪介绍，公司在荷兰、新加坡、美国、丹麦、德国、英国伦敦等地成功实现电动车的规模化、商业化运营。同时，与保加利亚 Bulmineral 公司正式签约，双方宣布以 50∶50 的比例成立电动大巴合资公司，并命名为 AutoGroupMotors。近期比亚迪也宣布将于 2013 年在加州建立比亚迪首个海外全资大巴工厂。

不过，需要指出的是，这些动作仅是比亚迪寻找突破口的尝试，能否突破地方保护这座大山、能否在欧美债务危机重重的背景下打开海外销售局面，一切尚待日后检验。

2. 分组讨论

(1) 指导老师对全班学生进行分组，6～8 人为一个小组，每个小组推选一位组长；

(2) 指导老师引导各小组通过网络查找有关特斯拉汽车和比亚迪汽车在发展新能源汽车方面的资料；

(3) 各小组应围绕案例，充分利用 SWOT 分析法讨论特斯拉进入中国汽车市场应对环境变化分析。专业老师对各小组及组员的讨论过程进行适当的指导，各小组成员将自己的讨论内容填入表 2-10。

表2-10　讨论表

讨　论　表			
组长		组员	
讨论案例	比亚迪和特斯拉分别进军美国和中国市场		
讨论内容1：利用SWOT分析法讨论特斯拉进入中国汽车市场应对环境变化分析。			
讨论内容2：利用SWOT分析法讨论比亚迪在我国汽车市场应对环境变化分析。			

3. 学习评估

指导老师根据该组的团体表现及各组员的个人表现，对其讨论过程进行评估，评估标准如表2-11所示。

表 2-11　学习评估表

内　　容	满分	得分	点评(优点及可提高部分)
1. 讲述过程流畅、声音洪亮、表情自然	20		
2. 机会分析	20		
3. 威胁分析	20		
4. 优势分析	20		
5. 劣势分析	20		

复习思考题

1. 企业应以什么态度去面对汽车营销环境?
2. 简述 SWOT 分析法。
3. 企业应对环境变化的策略有哪些?

学习情境3　汽车消费者购买行为分析

学习目标

1. 能够分析消费者购车需求；
2. 能够分析消费者购车动机；
3. 能够分析消费者购买汽车的行为。

情境导入

小张由于结婚需要购买一辆新车。小张父母想购买质量好的车，听说一汽大众的质量好，所以他们想在一汽大众中选一款车；小张自己喜欢视野开阔，空间大的车，有驾驶感觉的车，所以想购买 CR－V 这款城市越野车；小张的未婚妻喜欢小巧外观的车，所以想购买 MINI。

一个家庭想要购买一辆汽车，不同的家庭成员会有不同的选择，这不由得让我们一探究竟，他们是如何作出这样迥异的选择的？

任务1 汽车消费者购买需求分析

学习目标

能够分析消费者购车需求。

学习内容

1. 消费者需求的含义；
2. 消费者购车需求的类型；
3. 我国消费者购车需求的特点。

知识准备

【想一想】

假如同学们毕业了，你有能力购买一辆汽车，但是你会由于什么原因产生购车的想法，如图3-1所示。

图3-1 购车想法

1. 消费者需求的含义

每个人由于自己不同的原因产生了不同的购买需求，就像情境导入中的小张，由于需要婚车才有了购买需求，那我们就对这些购买需求做一个简单的分析。

消费者需求的含义，如图3-2所示。

需要，是人们感受到某种不足或缺乏的心理状态。

欲望，是人们对于满足需要的特定事物的期望。相对来说，人的需要是有限的，欲望是无限的。

需求，以货币购买力为前提，是有支付能力的需要。当欲望建立在一定的购买力基础上时，就形成了需求。

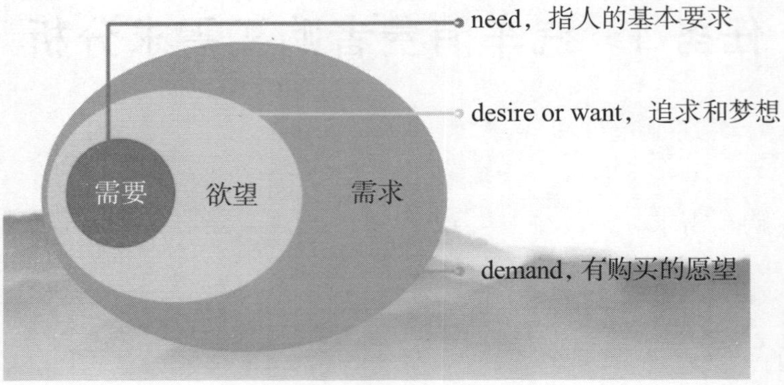

图 3-2 消费者需求含义

2. 消费者购车需求的类型

(1) 按起源划分，分为生理需求和社会需求。

(2) 按需要的对象划分，分为物质需求和精神需求。

(3) 按需要的层次划分，分为生理需求、安全需求、社交需求、尊重需求和自我实现需求，这也是著名的马斯洛需求层次论，如图 3-3 所示。

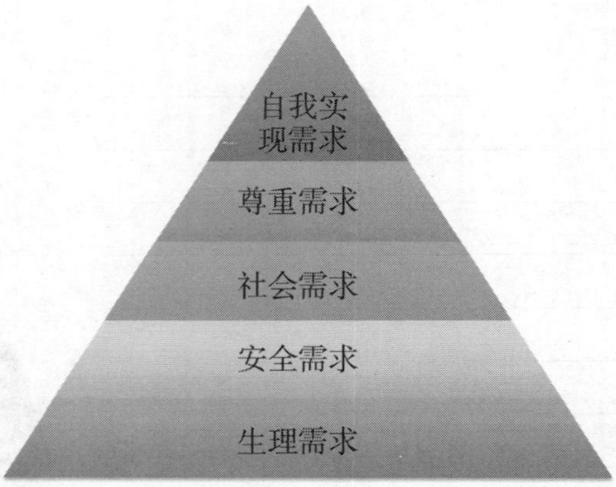

图 3-3　马斯洛需求层次理论

① 生理需求

这是人类维持自身生存的最基本要求，包括衣食住行等方面的要求。如果这些需求得不到满足，人类的生存就成了问题。在这个意义上说，生理需求是推动人们行动的最强大的动力。马斯洛认为，只有这些最基本的需求满足到维持生存所必需的程度后，其他的需求才能成为新的激励因素。

② 安全需求

这是人类要求保障自身安全、摆脱事业和丧失财产威胁、避免职业病的侵袭、接触严酷的监督等方面的需求。马斯洛认为，整个有机体是一个追求安全的机制，人的感受器官、效应器官、智能和其他能量主要是寻求安全的工具，甚至可以把科学和人生观都看成是满足安全需求的一部分。当然，当这种需求一旦相对满足后，也就不再成为激励因素了。

③ 社交需求

这一层次的需求包括两个方面的内容。一是友爱的需求，即人人都需求伙伴之间、同事之间的关系融洽或保持友谊和忠诚；人人都希望得到爱情，希望爱别人，也渴望接受别人的爱。二是归属的需求，即人都有一种归属于一个群体的感情，希望成为群体中的一员，并相互关心和照顾。感情上的需求比生理上的需求来得细致，它和一个人的生理特性、经历、教育、宗教信仰都有关系。

④ 尊重需求

人人都希望自己有稳定的社会地位，要求个人的能力和成就得到社会的承认。尊重的需求又可分为内部尊重和外部尊重。内部尊重是指一个人希望在各种不同情境中有实力、能胜任、充满信心、能独立自主。总之，内部尊重就是人的自尊。外部尊重是指一个人希望有地位、有威信，受到别人的尊重、信赖和高度评价。马斯洛认为，尊重需求得到满足，能使人对自己充满信心，对社会满腔热情，体验到自己活着的用处和价值。

⑤ 自我实现需求

这是最高层次的需求，是指实现个人理想、抱负，发挥个人的能力到最大程度，完成与自己的能力相称的一切事情的需求。也就是说，人必须干称职的工作，这样才会使他们感到最大的快乐。马斯洛提出，为满足自我实现需求所采取的途径是因人而异的。自我实现的需求是在努力实现自己的潜力，使自己越来越成为自己所期望的人物。

层次越高，消费者就越不容易被满足。在经济学上，消费者愿意支付的价格约等于消费者获得的满意度。打比方说，同样的一把椅子，满足消费者需求的层次越高，消费者能接受的产品定价也就越高。市场的竞争，总是越低端越激烈，价格竞争显然是将“需求层次”降到最低，消费者感觉不到其他层次的“满意”，愿意支付的价格当然也就越低。

3. 我国消费者购车需求的特点

需求是消费者购买过程的动因和起点，离开了人们的需求，一切商品就失去了它存在的意义。汽车私人消费市场的消费者由于受经济、社会、文化等因素的影响，呈现出千差万别、纷繁复杂的形态。但从总体来讲，各种需求之间存在着共性，其特点如图 3－4 所示。

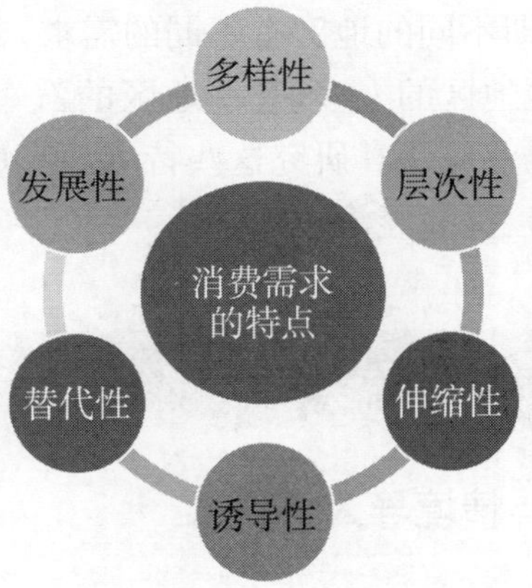

图 3－4　汽车消费需求的特点

1）多样性

众多的汽车消费者，其收入水平、文化素质、兴趣爱好、生活习惯、年龄性别、职业特点、地理位置甚至民族传统、宗教信仰等方面存在着不同程度的差异，因而在消费需求上也表现不同的需求特性。

【案例分析】

青年人喜爱运动型的汽车；老年人喜爱舒适型的汽车；经常在道路条件较差的地区活动的人选择车辆通过性好的汽车。

2）层次性

消费者在社会上所处地位的不同，对汽车所需求的层次也就不同。普通老百姓购买经济型汽车作为代步工具；一些私企老板或社会地位较高的人购买豪华型汽车以体现其身份和地位。

3）伸缩性

消费市场的需求量，是由多种因素决定的。从外因来说、包括商品供应数量的多少、价格的高低、广告宣传的程度、销售服务的优劣等；内因则包括消费者取得该商品或服务的紧迫性和自己的货币支付能力。因此，只要上述因素发生了变化，消费市场需求的相应改变，可能变多、也可能变少，从而表现出市场需求的伸缩性。

4）可诱导性

大多数汽车消费者缺乏足够的汽车知识，在购买时受到周围环境、消费风尚、人际关系、宣传报道、服务氛围等因素的影响，他们的选择往往很容易发生变化。

5）可替代性

私人购买汽车在面临多种选择时，一般都要进行反复的比较、鉴别，也就是俗语所说的“货比三家”，只有那些对私人消费者吸引力强、各种服务较好的商家的汽车产品才会导致消费者最终购买。也就是说，同时能够满足消费者需要的不同品牌或不同商家之间存在竞争性，消费者需求表现出可替代性。

6）发展性

消费者的市场需求不会静止在一个水平，随着经济的发展和时代的进步，人们的生活水平不断提高，消费者对市场商品和服务的需求也不断发展变化，在原有的需求满足以后，又会产生新的消费者市场需求，总的来说是由简单到复杂、由低级到高级、由数量上的满足到要求质量充实的方向前进的。因此，汽车私人消费需求也是永无止尽的。在不过分增加购买负担的前提下，消费者对汽车的安全、节能、舒适、功能以及豪华程度等方面的要求总是越来越高。

除上述特点外，消费者的市场需求还具有便捷性的特点（即要求购买、使用、取得和服务方便）、季节性的特点（根据历史的经验，汽车市场的火爆往往具有季节性、周期性、阶段性）、地域性特点（即不同的地区有不同的需求，在特定时期内，经济发达地区的消费者达到这一收入条件的人比其他地区的人多，这一地区的汽车需求明显比其他地区高，从而表现出一定的在地理上的集中性）。企业应认真研究这些特点，并以此作为市场营销决策的依据，更好地满足消费者需求，扩大商品销售，提高经济效益。

小组演练

1. 情境导入

汽车购买需求调查及分析

假如同学们毕业了，经过几年的奋斗努力你们都有能力购买一辆汽车，有的同学需求是作代步用，有的同学需求是有面子。大家都考虑一下，你们的购买需求是什么？

2. 进行调查

（1）指导老师对全班学生进行分组，6～8人为一个小组，每个小组推选一位组长；

（2）在其余的小组中（除去自己组）挑选一组并对其组员进行汽车购买需求调查，作为调查样本，填入表3-1；

（3）调查完成后将调查结果按马斯洛需求层次的理论填入表3-2，把调查样本做层次分析；

表3-1　调查问题表

序号	姓名	性别	年龄	购买车辆的原因
样本1				
样本2				
样本3				
样本4				
样本5				
样本6				
样本7				
样本8				

表3-2　调查样本层次分析

层　次	样本序号	比　　例
生理需求		
安全需求		
社交需求		
尊重需求		
自我实现需求		

(4) 组长派一名代表报告本组的调查报告，老师做学习评估。

3. 学习评估

指导老师根据各组员的个人表现及其所在小组的团体表现，对其调查过程进行评估。评估标准如表3-3所示。

表3-3　学习评估表

内　　容	满　分	得　分
1. 调查的完整性	25	
2. 层次分析准确性	25	
3. 参加调查活动积极性	25	
4. 报告效果	25	

复习思考题

1. 消费者购车需求的类型有哪些?
2. 根据马斯洛需求理论,分析自己或朋友有哪些需要?
3. 我国消费者购车需求有哪些特点?

任务2　汽车消费者购买动机分析

学习目标

能够分析消费者购车动机。

学习内容

1. 消费者购车动机的含义；
2. 消费者购车动机的基本类型；
3. 消费者购车动机的特点。

知识准备

1. 消费者购车动机的含义

消费者购车动机是促使购车行为发生并为购车行为提供目的和方向的动力。通俗地说就是消费者想买一辆什么样的车。

2. 消费者购车动机的基本类型

消费者购车动机有以下九种类型。

1) 求实

求实是指消费者在购买车辆时，以追求车型的实用性为主要目的的消费者，其核心是“实用”，特别注重车辆的质量、功能与实用价值，要求车辆的功能操作方便、经久耐用，不会过于强调所选取车型的外观、造型及华而不实的豪华装置。

2) 安全

安全是指消费者在购买车辆时，把车辆的安全性能和能否有益于身心健康作为购买与否的重要标准。要求汽车在预定的时间内能正常发挥使用价值，同时要求自己在使用产品的过程中不至于产生伤害，要求产品安全可靠。

3) 求廉

求廉是指消费者在购买车辆时，以较少支出获得较多利益为特征的购买动机，选购时会对汽车的价格进行仔细比较，在不同品牌或外观质量相似的同类产品中选择价格较低的品种。对于大多数汽车消费者来说，以较少的支出获取较大的利益是一种带有普遍性的甚至是永恒的购买动机。

4) 求新、求奇

求新、求奇是指消费者在选择购买车辆时，特别重视商品的款式是否新颖独特、时尚，造型是否奇特，对不为大众熟悉的新产品情有独钟，而不太注重商品是否实用和价格高低。这类消费者在求新动机的驱动下，经常凭一时兴趣进行冲动式购买。

5) 求美

求美是指消费者在选择购买车辆时，对汽车的造型、色彩、款式、艺术欣赏价值格外重视。很多女性消费者在购车时，首要考虑的就是车型外观是否时尚，内饰做工是否精致等。

6）求便

求便是指消费者在购买车辆时会为了方便购买、节约购买时间，会选择就近的4S店购买，或选择较为信任的亲朋好友推荐给自己的汽车购买。

7）求名

求名是指消费者在购买车辆时因仰慕品牌或企业名望而购买，同时也为提升自己的社会地位，有时也为满足个人的虚荣心。例如，奥迪、奔驰、宝马等奢侈品牌。

8）从众

从众是指消费者在购买车辆时会自觉或不自觉地模仿他人的购买行为而形成的购买动机，也叫模仿购买动机。这类动机通常是在相关群体和社会风气下形成的，有些甚至还具有一定的盲目性和不成熟性。

9）癖好

癖好是指消费者在购买车辆时以满足个人特殊兴趣或某种特殊嗜好为主导倾向的购买动机。如爱好皮卡或购买适合改装的车辆进行改装等。

【想一想】

情境导入案例中的小张，他的父母及他的未婚妻选择不同的车型的购车动机是什么？

____

____

____

____

____

3. 购车动机的特点

1）内隐性

真实动机经常处于内隐状态，难以从外部观察到。动机犹如冰山一角，显现在水面上的只有很小的一部分，大部分隐藏在看不见的水下，这即是著名的冰山理论，如图3-5所示。

图3-5　冰山

2）主导性

主要的购买动机在购买过程中占主导地位，次要购买动机起辅助动作，主导性的动机能引起优先购买行为。例如，一位客户挑选购买车辆的标准首先是车辆的安全性及智能配置要高，其次是车辆的外观要漂亮。当这位客户遇到两辆比较选择的情况下，安全性及智能配置是他首要考虑的问题。

3）可转移性

消费者的购买动机在一些情况的引导下是会发生转移或改变的。例如，本来想买一辆乘用车，最后却买了一辆SUV。

4）冲突性

消费者同时存在两种以上消费动机，两种动机互相抵触、不可并存，内心就会出现矛盾。

常见的消费动机冲突有双趋式冲突，双避式冲突，趋避式冲突。

（1）双趋式冲突（正正式冲突）

面临两个或以上的有吸引力的选择，两个都想选择。例如，你刚好有一定的存款，只够买一辆车，但你看中两辆车，两辆车你都想购买，哪辆都舍不得放弃。

（2）双避式冲突（负负式冲突）

面临两个或以上的选择，但都想避免选择。例如，按照目前的资金情况，你只有两辆车可供选择，但两辆车都有你很不满意的某个点，导致你不想选择。

（3）趋避式冲突（正负式冲突）

同一消费行为既有积极后果又有消极后果。例如，想买一款车，但又没经济实力；一个非常关心体重的人又很喜欢吃零食。

小组讨论

1 案例导入

购买车型分析

刘伟是某汽车零配件生产公司销售渠道经理，今年32岁，为了方便接送小孩上下学，于是打算购买一辆属于自己的车，目标锁定三个车型，分别是上海大众新朗逸，东风日产新轩逸及长安福特新福克斯。

刘伟对这三款车型的优势进行分析，如表3-4所示。

表3-4 车型分析表

车 型	共同点	优 势
上海大众新朗逸1.4T	品牌知名度较高，外形时尚，美观，公司很多人都开这几款车	个人有“大众情节”，质量好，油耗较低，空间大，有现车，安全性好
东风日产新轩逸2.0L		内部空间大，隔音效果好，无极变速器，座椅舒适，价格最便宜，后续维护成本低
长安福特新福克斯三厢2.0L		新款车，外观新颖，Powershift双离合器，智能语音控制系统，车辆操控性好，动力强劲，安全性好

2. 进行讨论

(1) 指导老师对全班学生进行分组，6～8人为一个小组，每个小组推选一位组长；

(2) 根据提供的案例，小组成员展开讨论并共同完成表3-5；

(3) 组长派一名代表报告本组讨论结果，同学们及老师共同点评；

(4) 老师按学习评估表进行点评。

表3-5 讨论表

讨论表			
假如刘伟以下列每一项购车动机为出发点，根据案例及各车型优势分析，判断他应该选择的车型请在相应的方框内打√，不选请打×(可多选)			
购车动机	新朗逸	新轩逸	新福克斯
1. 求实			
2. 安全			
3. 求廉			
4. 求新、求奇			
5. 求美			
6. 求便			
7. 求名			
8. 从众			
9. 癖好			

3. 学习评估

指导老师根据各组员的个人表现及其所在小组的团体表现，对其调查过程进行评估。评估标准如表3-6所示。

表3-6 学习评估表

内容	满分	得分
1. 购买动机基本类型的概念掌握	25	
2. 购买动机基本类型的内容掌握	25	
3. 案例中购买动机分析准确性	25	
4. 案例中购买动机分析完整性	25	

复习思考题

1. 消费者购车动机有哪些类型?
2. 我国消费者购车动机有哪些特点?

任务3　消费者购买汽车的行为分析

学习目标

能够分析消费者购买汽车的行为。

学习内容

1. 消费者实施购买的行为概念；
2. 消费者购买汽车的行为过程；
3. 影响消费者购车决策的因素。

知识准备

1. 汽车消费者实施购买的行为概念

消费者购买行为是指消费者为满足自身某种需求，在购买动机的驱使下，由认识商品、收集商品信息、分析选择、购买、使用评价要素组成的一个完整的过程活动。

2. 汽车消费者购买的行为过程

如果说消费者购买汽车的需求及动机是一个心理活动，那购买汽车的行为过程则是外显行为，是付诸于行动的过程。当消费者在有购买需求及动机的前提下，财富积累到一定程度后，消费者就会开始实施汽车购买的行为。消费者购买汽车的行为过程一般包括关注汽车、搜集信息、分析筛选、购买决策、购后评价五个阶段，如图3-6所示。

1）关注汽车

2）收集信息

收集信息的来源有四类，如图3-7所示。

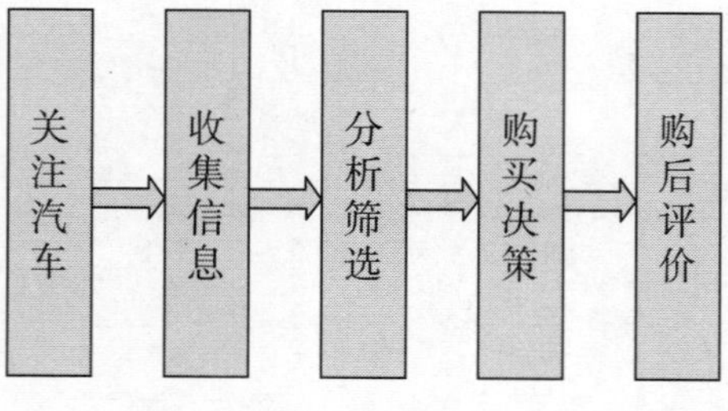

图3-6　汽车消费者购买的行为过程

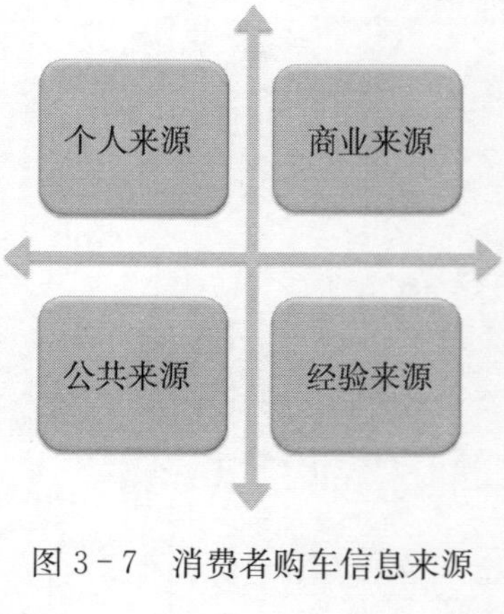

图3-7　消费者购车信息来源

【想一想】

请把自己对某品牌的好感、汽车网站、汽车论坛、报纸广告、电台节目、车展、朋友的建议、家人的意见、同事的使用评价、经销商优惠活动等分别归入表3-7。

表3-7 来源类型

来源类型	信息来源
个人来源	
商业来源	
公共来源	
经验来源	

3) 分析筛选

在收集到所需的汽车信息中，对这些信息进行分析比较、综合判断和筛选，有时在筛选后的车型中会再做一次求证工作，以判断自己的分析筛选是否正确。

4) 购买决策

购买决策是购买过程的关键阶段，这是因为消费者只有做出购买决策后，才会完成实际的购买行为，每个小细节都会促使客户购买。

5) 购后评估

消费者在购买汽车产品后，往往会通过自己的使用与他人的评价，对其购买选择进行评估，把他的体验与购买前的期望进行比较，进而产生一定的购后感受，如满意、一般或不满意等，然后传播自己的感受。

3. 影响消费者购车决策的因素

以下列举了一些容易导致消费者做出不购买的决定的情况。

1) 语言沟通不畅及服务态度不理想

消费者在购车决策中还会考虑很多除车型以外的因素，如服务态度、服务的专业性等，这些车型以外的因素会在语言交流中给消费者很直观的感受，直接影响最终的结果。

(1) 面对面交流时

① 经销商人员在接待时经常用消费者听不懂的语言(很多专业术语)，这些不能帮助客户很好的理解车辆的优势、性能及对客户的好处。

② 当客户提出问题或异议时，经销商人员不能帮助客户解答或解决问题。

③ 经销商人员在接待时，客户感受不到被尊重、被服务，甚至感觉到被忽视或被蔑视。

④ 经销商人员无法正确地探寻出客户的真实目的，而盲目地推荐车型或方案。

(2) 电话交流时

有位消费者讲述了自己电话沟通的经历："圈定了几款车型后，就打电话找厂商的顾问咨询。有的在电话中的服务态度，沟通能力和专业性就很差，感觉不好，就可能直接把该车型排除了。有家厂商的顾问非常耐心，回答了我很多的问题，对于我最后选择该车型起了很大作用。"

同样，当客户看完车，回到家还有问题时咨询经销商工作人员时，如果表现的不好或不耐烦，就会失去客户。

2) 亲身体验感受不佳时

几乎百分之百的消费者在做出最终的购车决定前，都要对所选车型进行亲身的体验，亲眼看一下实车及试乘试驾。试乘试驾是最直接的体验方式。试乘试驾也并不简单，如何能在这一环节上为消费者提供更个性化的体验是厂商和经销商应当考虑的。

(1) 经销商店以一些理由拒绝客户试驾。

(2) 试驾人员无法体现出车辆优越性能时。

(3) 试驾车不是客户想要的配置，而经销商人员对车辆的配置区别做出很好的解释及引导。

3) 客户要求满足不了

客户所要求的价格、现车、颜色、配置、交车时间、车辆的操控性、功能等要求，经销商无法满足而又不能提供其他有效的建议及方案。

4) 口碑影响

(1) 消费者普遍非常在意其他人对所选车型的评价。“其实大家都是这样的心理”一位消费者说，“往往身边一位开过该车的朋友的一句评价比我看厂商的好多宣传都管用。”当身边的人对所选车辆有不好的评价时，消费者一般会重新考虑。

(2) 所选的车型突然有不好的报道时。

5) 购车手续的便捷性、购车通路的便利性

(1) 按揭购车时提供的材料简单、审批时间短、通过率高会赢得消费者的欢迎，反之容易导致消费者不购买。

(2) 消费者希望以便捷的方式完成购买，并希望这种购买上的便捷性延伸到以后的服务中去。“我希望先找到卖这种车的一些经销商，再看谁的价格好，还要选择离家近的，这样以后维修起来方便。”该消费者的话很具有代表性。

小组讨论

1. 案例导入

购买行为分析

小张由于结婚需要购买一辆新车，小张父母想购买质量好的车，听说一汽大众的质量好，所以他们想在一汽大众中选一款车；小张自己喜欢视野开阔，空间大的车，所以想购买城市越野车；小张的未婚妻喜欢小巧外观的车，所以想购买 MINI。

在一个星期天，4 个人一起去 4S 店看车。他们先到了一汽大众店，小张父母对看中的迈腾很是满意，在提出需要试驾时，工作人员很抱歉地说试驾车出去办事了，能否下星期过来试驾？正好他们赶着看其他车，就答应下星期再去试驾。

他们走进了第二家店，MINI 的专卖店时尚前卫的展厅设计一下就抓住了小两口的心，小张的未婚妻对车特别满意，就想马上拥有它。老两口看了这车，又进车坐了一下，一言不发。

接着他们走进了第三家店，一起去看看小张看中的 CR－V，这车视野比乘用车开阔的多，一家四口坐车里也不觉得挤，最后小张询问了油耗和保养费用就回家了。

一家人回到家商量购买哪辆车，首先老两口对 MINI 先发表了意见：“那车好看，符合年轻人的口味，可是这车那么小，你们不打算偶尔带着我们出去玩？”小张也提出了自己的意见：“这 MINI 的保养及维修费用太大了，我们的薪水水平养这个车有些累。”

老两口认为大众品牌值得相信，空间不错，一家人坐着出去玩不挤。

小张觉得 CR－V 的空间及视野毋庸置疑，油耗及保养费用比迈腾还便宜，另外迈腾也没试驾

到，不知道操纵感怎么样，另外小张觉得结婚后，生了小孩，CR－V后备箱的利用率比迈腾实在，能放宝宝的婴儿车及很多用品。

一番讨论后，大家在迈腾和CR－V之间犹豫不决，两天后，中央台的晚会上就曝光了大众DSG变速箱的问题。一家大小最后决定购买CR－V。

2. 进行讨论

(1) 指导老师对全班学生进行分组，6～8人为一个小组，每个小组推选一位组长；

(2) 根据提供的案例，小组成员展开讨论并共同完成表3－8；

(3) 组长派一名代表报告本组讨论结果，同学们及老师共同点评；

(4) 老师按学习评估表进行评估。

表3－8　讨论表

讨论表		
讨论内容1：小张一家从几个方面对收集到的信息进行分析的？		
讨论内容2：小张一家最后选择了CR－V这辆车，小张的父母及未婚妻由于什么原因放弃了原本自己看中的车型？		
人物	影响购买决策的因素	证　明　内　容
小张父母		
小张的未婚妻		

3. 学习评估

指导老师根据各组员的个人表现及其所在小组的团体表现，对其调查过程进行评估，评估标准如表 3 - 9 所示。

表 3 - 9　学习评估表

内　容	满　分	得　分
1. 购车行为概念理解的准确性	25	
2. 信息来源分类的准确性	25	
3. 讨论中信息分析的准确性	25	
4. 讨论中影响购买决策的因素的准确性	25	

复习思考题

1. 消费者购买汽车的行为过程是怎样的？
2. 影响消费者购买行为的因素有哪些？
3. 根据自己身边亲朋好友的购车过程为例，分析其购买行为。

学习情境4　汽车市场调研

学习目标

1. 能够设计汽车市场调研方案；
2. 能够设计汽车市场调研问卷；
3. 能够撰写汽车市场调研报告。

情境导入

某品牌汽车厂家想进行一次针对大学生汽车消费的调研活动。本次活动的主要目的是了解大学生最喜欢的车型、车辆颜色、功能配置、购买预算、目前市场中自己最理想的车型、毕业后自己最想购买的车型等。该调查结果对汽车生产厂家有着很重要的意义,能为今后的新车型开发提供有效的依据。

任务 1　汽车市场调研方案设计

学习目标

能够设计汽车市场调研方案。

学习内容

1. 汽车市场调研的概述；
2. 设计汽车市场调研方案的内容；
3. 设计汽车市场调研方案。

知识准备

1. 汽车市场调研的概述

1）汽车市场调研的概念

汽车市场调研是对需要调研的内容，运用科学的方法，有计划、有目的、有系统地收集、整理和研究分析有关汽车市场各方面的信息，并总结结论，以便帮助汽车企业或相关部门了解营销环境，发现问题与机会，并为市场预测与营销决策提供依据。

2）汽车市场调研流程

汽车市场调研流程，如图 4－1 所示。

- 调研流程
  - 设计调研方案阶段
    - ① 明确调查问题
    - ② 初步情况分析
    - ③ 制定调查计划
      - 选择调查途径
      - 确定调查方式
      - 确定调查进度、人员及费用
  - 正式调查阶段
    - ④ 实施调查
      - 调查问卷或调查表的设计
      - 调查行动
  - 撰写调研报告阶段
    - ⑤ 整理、分析调查样本
    - ⑥ 总结、撰写调查报告

图 4－1　汽车市场调研流程图

2. 设计汽车市场调研方案

从汽车市场调研流程图 4－1 可以看出，设计调研方案阶段有三项工作：明确调查问题、初步情况分析及制定调查计划。

1）明确调查问题

明确调查问题是指明确调查主题，依据所要解决的调查问题和目的来拟定调查实施计划。例如，汽车产品的认知度、汽车用户类型、用户对服务质量和满意度、汽车产品活动的效果、汽车产品销售与计划目标等。

2）初步情况分析

初步情况分析是指明确调研目标、确定指导思想、限定调研的问题范围、明确调查对象的范围。

3）制定调查计划

（1）选择调查途径

调查途径主要有走访调查、信访调查、电话调查、实验调查、观察调查、网络调查、文案调查等。

（2）确定调查方式

采用何种调查方式去收集资料主要取决于调查对象和调查内容。主要调查方式有以下六种。

① 个案调查。以个别案例进行深入剖析。

② 重点调查。选择重点调查对象进行深入调查。

③ 抽样调查。通过局部调查获得整体结果。

④ 专家调查。向专家进行调查。

⑤ 全面调查。对全部对象进行调查(企业一般不常用此形式，调查成本太高，仅国家有时才采用，如全国性人口普查)。

⑥ 典型调查。通过选择典型对象进行针对性调查。

（3）确定调查进度、人员及费用

是指确定调查各任务完成的时间节点，参与人员的工作安排及费用预算等。

【案例分析】

我们通过设计一个调研方案来帮助大家理解。

中国某一大型网站想进行一项关于中国白领汽车消费状态的调研活动，该调查对媒体及汽车生产厂家都有非常重要的参考价值，如表 4-1 所示。

表 4-1 调研方案

调研方案
1. 调研主题：中国白领汽车消费状态调查。
2. 调研背景：白领阶层是目前国内主流汽车消费的群体，这一群体的消费观念、消费形态和品牌认知等方面的需求，能为汽车生产厂家推出更符合白领阶层的车型有着非常重要的意义。
3. 研究目的：了解白领购车的消费观念、消费形态、品牌认知及喜爱车型。
4. 调研对象：中国白领(年龄在 23～40 岁，学历在大学专科以上，有稳定的职业，月平均收入(税前)4 500 元及以上，办公地点集中在商务写字楼)。
5. 调研方式：网络调查(白领网民是网民中很重要的一个组成部分，这个群体对网络的熟悉度及运用度比例相当高)。
6. 调研时间：2013 年 2 月—6 月，累计调查样本达 25 万人，如在调研时间内未达标准人数，调研时间适当延长。
7. 调查进度：1 月 8 日前完成设计调查方案，负责人：甲； 1 月 8 日前完成广宣设计方案，负责人：乙； 1 月 9 日—6 月 28 日进行广宣，负责人：乙； 1 月 25 日前完成问卷设计，负责人：丙； 2 月 1 日—6 月 30 日问卷调查，负责人：丁； 6 月 10 日完成问卷统计，负责人：丙； 6 月 15 日抽取幸运调查对象并公布，负责人：丁； 6 月 18 日完成撰写调研报告，负责人：甲。
8. 费用预算：运用自己的网络平台进行宣传及调查，这部分不涉及费用。 调查活动结束后将抽取幸运调查对象： 一等奖：1 名，礼品：1 份，价值 5 000 元/份； 二等奖：3 名，礼品：3 份，价值 3 000 元/份； 三等奖：6 名，礼品：6 份，价值 1 000 元/份； 幸运奖：100 名，礼品：100 份，价值 100 元/份； 总金额：30 000 元

小组演练

1. 案例导入

大学生汽车消费市场调研

某品牌汽车厂家想进行一次针对大学生汽车消费的调研活动，本次活动的主要目的是了解大学生最喜欢的车型、车辆颜色、功能配置、购买预算、目前市场中自己最理想的车型、毕业后自己最想购买的车型等，该调查结果对汽车生产厂家有着很重要的意义，能为今后的新车型提供有效的依据。

2. 制定方案

(1) 指导老师对全班学生进行分组，6～8 人为一个小组，每个小组推选一位组长；
(2) 以组为单位，结合导入的案例，完成设计汽车市场调研方案，如表 4-2 所示；
(3) 组长指定一名组员报告本组的设计方案；
(4) 指导老师将参考市场调研方案，给各小组评分。

表 4-2　汽车市场调研方案表

<table>
<tr><td colspan="4">汽车市场调研方案</td></tr>
<tr><td>组长</td><td></td><td>组员</td><td></td></tr>
<tr><td colspan="4">调研主题：

调研背景：

调研对象：

调研方式：

调研时间：

调查进度：

费用预算：</td></tr>
</table>

3. 学习评估

指导老师根据各组员的个人表现及其所在小组的团体表现，对其讨论过程进行评估。评估标准如表 4-3 所示。

表 4-3 学习评估表

内容	满分	得分
1. 讲述过程流畅、声音洪亮、表情自然	20	
2. 汽车市场调研方案内容完整性	60	
3. 汽车市场调研方案可行性	20	

复习思考题

1. 设计汽车市场调研方案有哪些流程？
2. 汽车调研方式有哪些？
3. 汽车市场调研方案包含什么内容？

任务 2　汽车市场调研问卷设计

学习目标

能够设计汽车市场调研问卷。

学习内容

1. 汽车市场调研问卷的概念；
2. 调研问卷的结构；
3. 调研问卷中问题的形式；
4. 设计问题的错误。

知识准备

从汽车市场调研流程图 4－1 可以看出，汽车市场调研工作的第二个阶段工作是实施调查，实施调查包含两个工作内容：调研问卷的设计及调查行动。这一阶段的工作很关键，直接关系到调研汇总的数据是否真实可靠。

1. 调研问卷的概念

调研问卷，又称调研表，是调研者根据一定的调研目的和要求，按照一定的理论假设设计出来的，由一系列问题、调研项目、备选答案及说明所组成的，是向被调研者收集资料的一种工具。

2. 调研问卷的结构

一份正式的调研问卷一般包括以下三个部分，如表 4－4 所示。

表 4－4　调研问卷的组成

组成部分	内　容	概　　述
第一部分	标题、前言、被调研者信息	标题是对问卷内容的概括； 前言主要说明调研的主题、调研的目的、调研的意义，通常包括问候语、填表说明、问卷编号； 被调研者的有关背景情况加以登记，为进一步的统计分析收集资料(有时这部分内容也可以在附录中出现)
第二部分	正文(调研项目)	正文是调研问卷的主体部分，包括需要调研的全部内容，具体由问题和备选答案组成
第三部分	附录和结束语	附录中还可以加入一些补充说明； 结束语是对被调研者表示感谢

【案例分析】

我们以某一汽车 4S 店市场调研问卷为例，如表 4－5 所示。

表 4-5 汽车 4S 店市场调研问卷

<table>
<tr><td>

汽车 4S 店市场调研问卷

——×××汽车销售服务有限公司

请阁下能花点宝贵的时间来协助完成以下问卷，我司将有精美的礼品赠送。感谢您对我们工作上的支持与配合。请点击方框选择并填写横线上内容。

1. 您的年龄范围：

□ 24 岁以下　□ 25～35 岁　□ 36～50 岁　□ 50 岁或以上

2. 您是否拥有汽车？

□ 是 （您已经拥有的车辆品牌及车型________________）

□ 否

3. 您是否有打算购车/再购车？

□ 有

□ 暂无(请说明具体原因：________________________________)

4. 您购买汽车的主要用途：

□ 家用　□ 工作　□ 外出旅游　□ 商务用途

□ 其他：________________________________

5. 您购买汽车会考虑哪些因素？(可多选)

□ 安全性　□ 外形设计

□ 油耗　□ 功能配置

□ 操控性　□ 价格

□ 动力性　□ 售后服务

□ 舒适性

□ 其他(请具体说明)：________________

个人资料：

请留下您的有效联系方式(您的资料会被严格保密)，如我司有任何的优惠活动可立即与您联系，再次感谢您的支持和配合！

姓名：________ 性别：________

联系方式：________

QQ：________ E-mail：________

现时所住地区：________区________镇________________

</td></tr>
</table>

请说出案例中调研问卷三部分的内容。

标题及前言：________________________________

正文：________________________________

附录和结束语：________________________________

3. 调研问卷中问题的形式

1）填空式

例如，

请问您家有几口人？ ________

2）二项选择式

例如，

您家是否居住在本市？ 是 □ 否 □

3）多项单选式

例如，

您的文化程度是：________

A. 小学及以下　　B. 初中　　C. 高中或中专　　D. 大专及以上

4）多项排序式

例如，

作为一名汽车消费者，您认为选择车辆最重要的三个因素分别是什么？

第一重要（　　）第二重要（　　）第三重要（　　）

A. 价格　　B. 品牌　　C. 舒适度　　D. 外观时尚新颖

E. 安全性高　　F. 操控性好　　G. 视野开阔，通过性好

H. 其他＿＿＿＿＿（请写明）＿＿＿＿＿＿＿＿＿＿＿＿＿＿＿＿

5）多项任选式

例如，

您对以下哪些车型有兴趣？

A. POLO　　B. 爱唯欧　　C. 嘉年华　　D. 宝来　　E. 速腾

F. 408　　G. 大众帕萨特　　H. 天籁　　I. 其他（请注明）＿＿＿＿＿

6）矩阵式

例如，

销售顾问在接待您时，下列情况您的评分是多少？

	10分	8分	6分	4分	2分
① 微笑接待	□	□	□	□	□
② 专业度	□	□	□	□	□

7）表格式

例如，

销售顾问在接待您时，下列情况您的评分是多少？

	10分	8分	6分	4分	2分
微笑接待					
专业度					

4. 设计问题的注意事项

1）问卷必须紧密与调研主题相关

2）问题的设置要具有普遍意义

这是问卷设计的一个基本要求，但我们仍然能够在问卷中发现这类带有一定常识性的错误。这一错误不仅不利于调研成果的整理分折，而且会使调研委托方轻视调研者的水平。例如，

如进行一个“居民广告接受度”的调研

问题：你通常选择哪一种广告媒体：＿＿＿＿

A. 报纸　B. 电视　C. 杂志　D. 广播　E. 其他

而如果选项是另一种形式：________

A. 报纸　B. 车票　C. 电视　D. 墙幕广告　E. 汽球　F. 大巴士　G. 广告衫

如果我们的统计指标没有那么细(或根本没必要)，那我们就犯了一个"特殊性"的错误，从而导致某些问题的回答实际上是对调研无助的。

在一般性的问卷技巧中，需要注意的是，不能犯问题内容上的错误。例如，

问题：你拥有哪一种信用卡？________

答案：A. 长城卡　B. 牡丹卡　C. 龙卡　D. VISA卡　E. 金穗卡

其中，"D"的设置是错误的，应该避免。

3) 问卷的设计要有整体感

这种整体感即是问题与问题之间要具有逻辑性，独立的问题本身也不能出现逻辑上的谬误。从而使问卷成为一个相对完善的小系统。例如，

1. 你通常每日读几份报纸？________

A. 不读报　B. 1份　C. 2份　D. 3份以上

2. 你通常用多长时间读报？________

A. 10分钟以内　B. 半小时左右　C. 1小时　D. 1小时以上

3. 你经常读的是下面哪类(或几类)报纸？________

A. ×市晚报　B. ×省日报　C. 人民日报　D. 参考消息　E. 中央广播电视报

F. 足球……

在以上的几个问题中，由于问题设置紧密相关，因而能够获得比较完整的信息。调研对象也会感到问题集中、提问有章法。相反，假如问题是发散的、带有意识流痕迹的，问卷就会给人以随意性而不是严谨性的感觉。那么，将市场调研作为经营决策的一个科学过程的企业就会对调研失去信心。

因此，逻辑性的要求即是与问卷的条理性、程序性分不开的。已经看到，在一个综合性的问卷中，调研者将差异较大的问卷分块设置，从而保证了每个"分块"的问题都密切相关。

4) 所问问题要清晰明确、便于回答

如上文问题中"10分钟"、"半小时"、"1小时"等设计是十分明确的。统计后会告诉我们：用时极短(测览)的概率为多少；用时一般(粗阅)的概率为多少；用时较长(详阅)的概率为多少。反之，答案若设置为"10分～60分"，或"1小时以内"等，则不仅不明确、难以说明问题，而且令被访问者也很难作答。

再则，问卷中常有"是"或"否"一类的是非式命题。例如，

问题：您的婚姻状况：________

答案：Ⅰ. 已婚　Ⅱ. 未婚

显而易见，此题还有第三种答案(离婚/丧偶/分居)。如按照以上方式设置则不可避免地会发生选择上的困难和有效信息的流失！其症结即在于问卷违背了"明确性"的原则。

5) 问题要设置在中性位置、不参与提示或主观臆断

问题的设置应完全将被访问者的独立性与客观性摆在问卷操作的限制条件的位置上。例如，

问题：你认为这种化妆品对你的吸引力在哪里？________

答案：A. 色泽　B. 气味　C. 使用效果　D. 包装　E. 价格　F. ……

这种设置是客观的。

若换一种答案设置：A. 迷人的色泽　B. 芳香的气味　C. 满意的效果　D. 精美的包装……

这样一种设置则具有了诱导和提示性，从而在不自觉中掩盖了事物的真实性。

6）便于整理、分析

成功的问卷设计除了考虑到紧密结合调研主题与方便信息收集外，还要考虑到调研结果的容易得出和调研结果的说服力。这就需要考虑到问卷在调研后的整理与分析工作。

我们通过设计一个调研问卷来帮助大家理解。

【案例分析】

中国某一大型网站进行一项关于中国白领汽车消费状态的调研活动，该调查对媒体及汽车生产厂家都有非常重要的参考价值。现制作调研问卷，如表 4－6 所示。

表 4－6　中国白领汽车消费状态调研问卷

中国白领汽车消费状态调研问卷

尊敬的女士(先生)：

××网站推出中国白领实车消费状态调研，全方位了解中国白领的汽车消费状态与行为。马上答题，赢取精美礼品。

1. 您的年龄：(单选)

□23 岁至 27 岁　□28 岁至 32 岁　□32 岁至 36 岁　□36 岁至 40 岁

2. 您目前有车吗？(单选)

□有(请注明________辆并跳到问题 4)

□没有(请回答问题 3 并跳到问题 5)

3. 在未来两年内，您有购车的打算吗？(单选)

□有　□没有　□不确定

4. 在未来两年内，您有换购的打算吗？(单选)

□有　□没有　□不确定

5. 您购买汽车的主要目的是：(多选)

□上班代步　□旅游娱乐　□商务出行　□身份彰显　□经商运货

□其他(请注明)________________

6. 您会考虑购买二手车吗？(单选)

□坚决不买　□除非不得已，否则不会购买

□会参考，但是不一定购买　□主要考虑二手车

□如果性价比高，会购买二手车

7. 您考虑购买什么系列的汽车？(单选)

□欧美系　□日系车　□国产车　□韩系车　□其他(请注明________)

8. 您考虑购买什么车型？(单选)

□两厢乘用车　□三厢乘用车　□跑车

□SUV　□MPV　□其他(请注明________)

9. 您的购车预算是多少？(单选)

□8 万以下　□8 万至 12 万　□12 万至 17 万　□17 万至 21 万

□21 万至 25 万　□25 万至 30 万　□30 万至 50 万　□50 万以上

10. 您购车时会考虑购买哪个品牌？(单选)

□大众　□本田　□标致　□丰田　□日产

（续表）

中国白领汽车消费状态调研问卷
□福特□马自达□现代□起亚□铃木 □雪铁龙□其他（请注明：__________） 11. 哪个因素会影响您选购汽车？（多选） □整车外观　□耗油量　□价格　□安全配置 □发动机动力性能□空间宽敞□操作性能 □售后服务　□汽车品牌形象□内饰美观性 12. 您希望汽车经销商有什么服务需求？（多选） □延长保修期或保修里程　□售后保养跟踪提醒 □免费试驾及性能讲解□免费代理上牌服务 □免费车主培训课程　□组织车友联谊活动 □其他（请注明__________） 请留下您的有效联系方式（您的资料会被严格保密），抽奖活动结果会依据您留下的联系方式与您联系，请正确填写，再次感谢您的支持与配合！ 姓名：________ 性别：______ 联系电话：__________ E-mail：__________ 家庭住址：______省______市______区__________

小组演练

1. 案例导入

大学生市场调研问卷

某品牌汽车厂家想进行一次针对大学生汽车消费的调研活动，本次活动的主要目的是了解大学生最喜欢的车型、车辆颜色、功能配置、购买预算、目前市场中自己最理想的车型、毕业后自己最想购买的车型等，该调查结果对汽车生产厂家有着很重要的意义，能为今后的新车型提供有效的依据。

2. 设计问卷

（1）指导老师对全班学生进行分组，6～8 人为一个小组，每个小组推选一位组长；

（2）以组为单位，根据导入的案例，结合任务一小组所制定的调研方案，完成设计汽车市场调研问卷，如表 4-7 所示；

（3）各组派一名代表汇报调研问卷的内容，指导老师将参考市场调研问卷，给各小组评分；

（4）组长带领组员用设计完成的调研问卷，在学校内真实完成问卷调研活动。调研完成后分享调研感受。

表 4-7　汽车市场调研问卷表

校内大学生潜在汽车消费调研问卷			
组长		组员	
标题及前言			

（续表）

校内大学生潜在汽车消费调研问卷	
被调研者信息	
调研项目	
附录及结束语	
	走进校园，实施调查

3. 学习评估

指导老师根据各组员的个人表现及其所在小组的团体表现，对其讨论过程进行评估。评估标准如表4-8所示。

表4-8　学习评估表

内　　容	满　分	得　分
1. 汽车市场调研问卷内容完整性	60	
2. 汽车市场调研问卷问题及备选答案的合理性	20	
3. 实施调查行动的表现	20	

复习思考题

1. 调研问卷有哪三部分组成？
2. 调研问卷中问题的形式有哪些？
3. 设计调研问卷要注意哪些问题？

任务3　撰写汽车市场调研报告

学习目标

能够撰写汽车市场调研报告。

学习内容

1. 汽车市场调研报告的作用和种类；
2. 汽车市场调研报告的格式和内容；
3. 汽车市场调研方案设计内容及注意事项。

知识准备

1. 市场调研报告的作用和种类

市场调研报告是以科学的方法对市场的供求关系、购销状况以及消费情况等进行深入细致地调查研究后所写成的书面报告。其作用在于帮助企业了解掌握市场的现状和趋势，增强企业在市场经济大潮中的应变能力和竞争能力，从而有效地促进经营管理水平的提高。

市场调研报告可以从不同角度进行分类，如表4－9所示。

表4－9　市场调研报告分类表

分类角度	报告种类
按涉及内容含量的多少	综合性市场调研报告
	专题性市场调研报告
按表述手法的不同	陈述型市场调研报告
	分析型市场调研报告
按调研对象的不同	市场供求情况的市场调研报告
	产品情况的市场调研报告
	消费者情况的市场调研报告
	销售情况的市场调研报告
	市场竞争情况的市场调研报告

2. 市场调研报告的内容

阅读市场调研报告的人，一般都是繁忙的企业经营管理者或有关机构负责人，因此，撰写市场调研报告时，要力求条理清楚、言简意赅、易读好懂。市场调研报告要写清楚调研的目的与项目、调研方法、调研的对象与范围、调研时间、调研结果分析、决策建议以及其他必要说明的事项。

市场调研报告的内容一般由标题、目录、概述、正文、附件等几部分组成。

1）标题

报告标题和日期应写在扉页上。如调查有委托方与调研方，也可在呈现在标题中。

2）目录

调研报告的内容、页数较多的情况下，为了方便读者阅读，应当使用目录或索引形式列出报告所分的主要章节和附录，并注明标题、有关章节号码及页码，目录的篇幅最好不宜超过一页。例如，

目　录

1. 调研设计与组织实施
2. 调研对象构成情况简介
3. 调研的主要统计结果简介
4. 综合分析
5. 数据资料汇总表
6. 附录

3）概述

概述主要阐述调研的基本情况，它是按照市场调研课题的顺序将问题展开，并阐述对调研的原始资料进行选择、评价、作出结论、提出建议的原则等。主要包括以下三方面内容。

(1) 调研目的。即简要地说明调研的由来或委托调研的原因。

(2) 简要介绍调研对象和调研内容。包括调研时间、地点、对象、范围、调研要点及所要解答的问题。

(3) 简要介绍调查研究的方法。介绍调研方法，有助调研结果的可靠性。

4）正文

正文是市场调研分析报告的主体部分。这部分必须准确阐明全部有关论据，以及对这些情况和内容的分析评论，结论及建议。

5）结束语、附件

附件是指调研报告正文包含不了或没有提及，但与正文有关必须附加说明的部分。它是对正文报告的补充或更祥尽说明，包括数据汇总表及原始资料背景材料和必要的工作技术报告。

我们通过一个调研报告来帮助大家理解。

【案例分析】

中国某一大型网站进行一项关于中国白领汽车消费状态的调研活动，该调查对媒体及汽车生产厂家都有非常重要的参考价值。根据调研问卷样本，经统计，调研报告（节选）如表4-10所示。

表4-10　中国白领汽车消费状态调研报告

中国白领汽车消费状态调研报告 调研时间：2013年2月至2013年6月 调研单位：××网站 1. 研究背景概述 随着互联网技术的高速发展，中国网民数量迅速增长。白领网民作为其中重要的组成部分，由于年龄、学历和收入水平较普通网民有优势，所以在消费观念、消费形态和品牌认知等方面有一定特殊性。为了更好地研究中国白领

网民的生活形态，为企业决策和产品定位提供依据和参考，本网站进行此项研究。(本报告只针对网民中的白领群体进行描述和分析)

2. 概念定义

白领网民：拥有自主意识，追求个性生活，喜爱尝试新奇事物，经济独立且生活自主。大多数白领网民是理想消费者，注重性价比，注重品牌且选择合适时机购买喜欢的品牌产品，消费观念具有超前性，懂得享受生活。

我们将具有以下条件的网民定义为白领网民：

(1) 年龄：23岁～40岁；

(2) 学历在大学专科以上；

(3) 有稳定的职业；

(4) 月平均收入(税前)4 500元及以上；

(5) 办公地点集中在商务写字楼。

3. 研究方法

样本采集于2013年2月至6月，通过××网站网络调研获得，累计关注调研网民达50万余人。经处理排除无效问卷及配比，共获得26 276份样本。

关于无效问卷的定义：

(1) 问卷回答中逻辑关系明显不合理的情况下作为无效问卷处理；

(2) 根据用户填写的个人信息，重复用户问卷作为无效问卷处理；

(3) 必答题目回答不完整的情况作为无效问卷处理。

4. 中国白领汽车消费状态报告

1) 白领购车意向分析

白领网民具有较高的家庭月收入，目前家庭汽车保有量比例高。白领网民对未来工作和生活拥有美好的憧憬，购车的欲望强烈。

但白领网民由于工作压力大，业余时间少，不甘心大部分时间浪费在上下班路上，所以购车主要将被用作上班代步，与此同时，汽车对于白领网民而言仅仅是一种代步工具，提升个人形象仅通过汽车无法实现。

(1) 白领网民的家庭汽车保有量

通过此次调研数据显示，白领网民的家庭汽车保有量高于全体网民，其中白领网民的家庭汽车保有率为51.7%，10.1%的白领网民表示家庭拥有汽车在2辆以上。

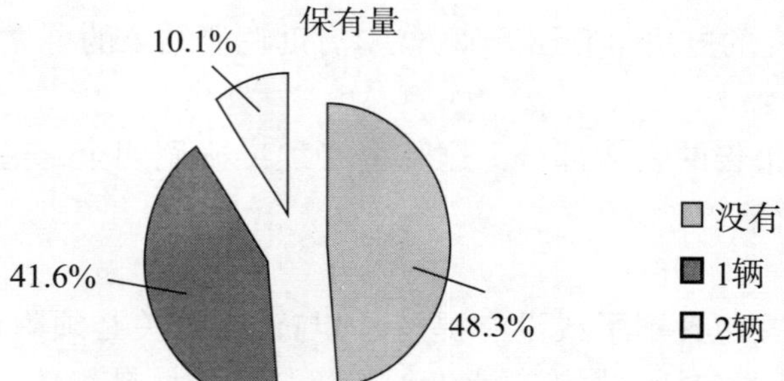

(2) 白领使用汽车的主要目的是上班代步

通过此次调研数据显示，工作压力大已经成为白领的代名词，购车的主要目的为上班代步，而巨大的工作压力使得白领旅游娱乐的时间逐渐减少。上班代步的需求比例高达74.9%。

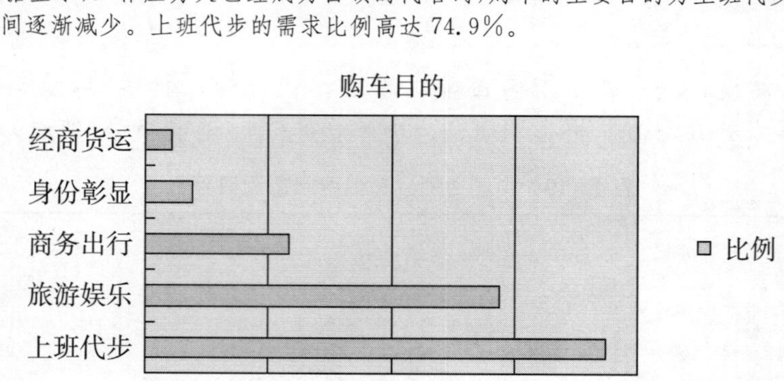

(3) 75%的白领网民在未来两年内有购车的意愿

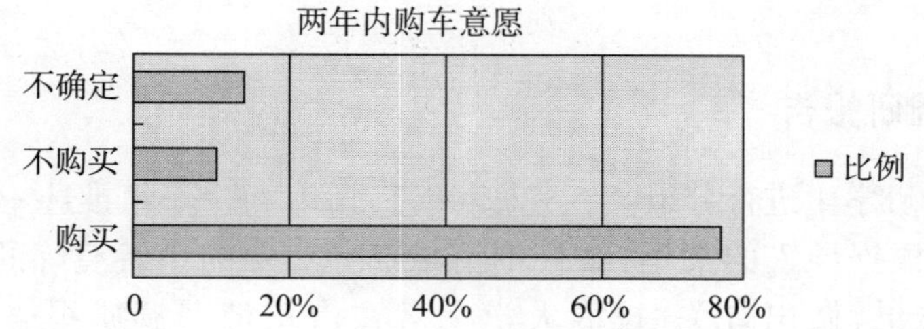

2) 白领网民购车选择(品牌车型选择)分析

正如前面所提到的,白领网民对未来工作和生活拥有美好的憧憬,白领网民购买汽车的平均价格为12.7万。随着年龄的增长等因素,两厢乘用车被更多的视为过渡车,总体车型仍然以三厢乘用车为主,值得注意白领网民购买SUV车型比例较高,实际购买情况却不符合该比例,说明SUV车型定位对白领网民群体具有相当强的吸引力,但价格及养护成本等因素对实际购买产生了较大的影响。

车系选择上,白领网民偏好欧美系及日系,对国产车系的兴趣较低。在品牌方面更验证了这种结论,白领网民预购汽车第一品牌为大众。

(1) 通过此次调研数据显示,白领网民购买汽车偏好欧美系及日系车,汽车欧美系比例高达51.9%。

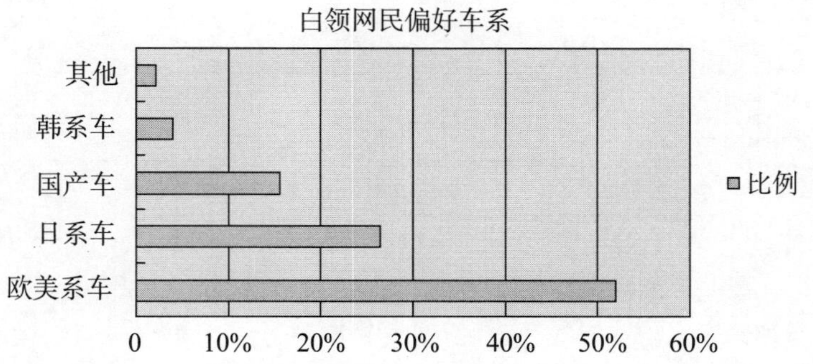

(2) 47.1%的白领网民购买汽车类型为三厢乘用车。

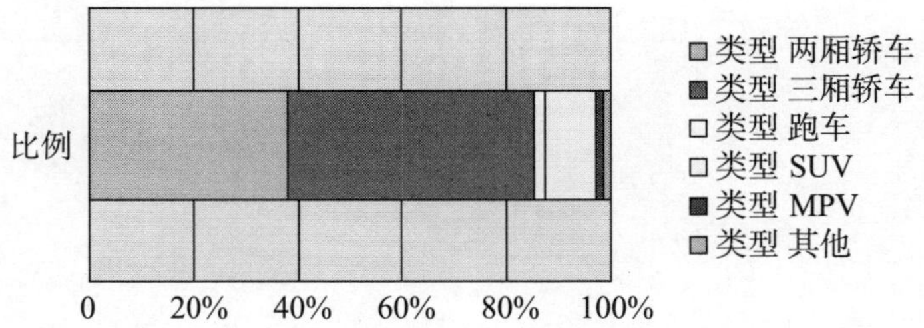

(案例中的调研报告数据不一一举例了,通过调研样本采集的数据分析制作调研报告。)

本次调研的主要成果如上所述,希望能为各汽车企业制定更为科学合理的经营战略提供些许依据。愿各汽车企业业绩蒸蒸日上

小组演练

1. 案例导入

编写调研报告

某品牌汽车厂家想进行一次针对大学生汽车消费的调研活动,本次活动的主要目的是了解大

学生最喜欢的车型、车辆颜色、功能配置、购买预算、目前市场中自己最理想的车型、毕业后自己最想购买的车型等，该调查结果对汽车生产厂家有着很重要的意义，能为今后的新车型提供有效的依据。

2. 进行讨论并编写调研报告

(1) 指导老师对全班学生进行分组，6～8 人为一个小组，每个小组推选一位组长；

(2) 以组为单位，根据导入的案例，结合本情境任务 2 中的小组演练的“校内大学生潜在汽车消费调研问卷”的结果，做出有关“校内大学生潜在汽车消费调研报告”的汽车市场调研报告，如表 4－11 所示；

(3) 各组派一名代表汇报调研报告，指导老师将参考市场调研问卷，给各小组评分。

表 4－11　调研报告

<table>
<tr><td colspan="4">校内大学生潜在消费调研报告</td></tr>
<tr><td>组长</td><td></td><td>组员</td><td></td></tr>
</table>

3. 学习评估

指导老师根据各组员的个人表现及其所在小组的团体表现，对其讨论过程进行评估。评估标准如表 4－12 所示。

表 4－12 学习评估表

内　容	满　分	得　分
1. 汽车市场调研报告内容完整性	60	
2. 汽车市场调研报告内容连贯性	40	

复习思考题

1. 汽车市场调研报告有什么作用？
2. 汽车市场调研报告有哪些种类？
3. 汽车市场调研报告包含哪几部分内容？

学习情境 5　汽车市场营销策略制定

学习目标

1. 能够制定汽车的品牌策略；
2. 能够制定汽车的产品策略；
3. 能够制定汽车的产品价格策略。

情境导入

过去的10年是中国汽车市场发展最为迅猛的10年，在全球第一大市场的拉动下，曾被巨大担忧笼罩的自主品牌，已经成功脱胎换骨，成为市场的一股主力军，市场占有率也从16.6%上升至45%以上，吉利、奇瑞、江淮、长城等自主品牌已经成功走出国门，挑战海外品牌。然而，巨大的市场空间，让全球所有品牌齐聚中国，自主品牌内外受压，不断轮回调整的市场让其压力倍增。今年以来，自主品牌便率先回调，2013年1—5月，自主品牌乘用车销售119.33万辆，同比下降8.3%，占乘用车销售总量的27.5%，占有率同比下降3.9个百分点。

浙江吉利控股集团有限公司是国内唯一一家民营乘用车生产经营企业，现有吉利豪情、美日、优利欧、SRV、美人豹、华普、自由舰等七大系列30多个品种的乘用车，并于2010年成功收购了国外高端豪华的沃尔沃品牌。长期以来，沃尔沃汽车的车主给我们的印象创新、进取和受过良好教育，他们具有强烈的责任感、稳重自信、智慧不凡。

吉利集团市场部承担这整个集团的汽车品牌、产品策略以及产品的价格策略的制定。在不断变化的国内汽车市场环境以及集团业务快速发展的背景下，市场部需要审时度势、契合国内汽车市场特点，制定整个集团的汽车品牌、产品策略以及产品的定价策略。

任务1　制定汽车产品与品牌策略

学习目标

1. 能够掌握汽车产品整体概念与生命周期；
2. 能够掌握汽车产品组合策略；
3. 能够掌握汽车品牌策略。

学习内容

1. 汽车产品整体概念与生命周期；
2. 汽车产品组合策略；
3. 汽车品牌策略。

知识准备

1. 产品概念和生命周期

1）汽车产品整体概念

汽车产品是指向汽车市场提供的能满足汽车消费者某种欲望和需要的任何事物，包括汽车实物、汽车服务、汽车保险、汽车品牌等，如汽车、道路救援、质保等。

简言之，汽车产品＝汽车实物＋汽车服务。

我们可以把产品分五个层次来理解，即核心产品层、形式产品层、期望产品层、延伸产品层以及潜在产品层，如图5－1所示。

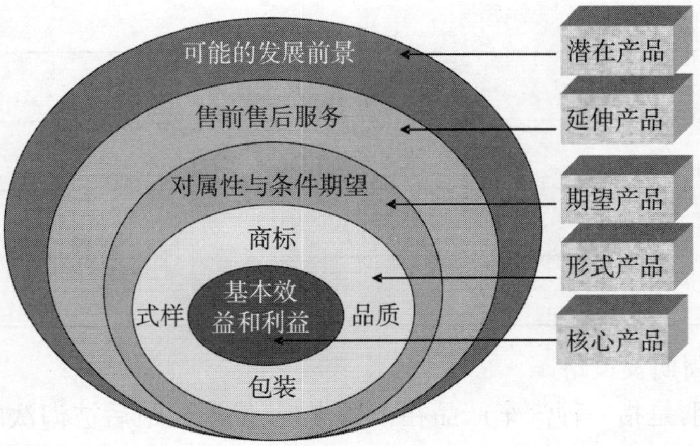

图5－1　产品层概念

用产品层概念来解析汽车产品，如表5－1所示。

表 5-1 产品层

产品层	汽车
核心产品	实现运载(载人或载货)需要的功能
形式产品	汽车质量水平、外观特征、汽车造型、汽车品牌
期望产品	提供舒适的车厢、安全保障设备和导航设施等附属功效
延伸产品	提供售后服务,如储运、装饰、维修、保养、年检、保险等
潜在产品	可能发展成为未来汽车产品的潜在状态的汽车产品。潜在汽车产品预示着未来产品的发展方向

【案例分析】

新福克斯将推出两厢与三厢 4 个系列共 12 款车型,12 种车身颜色可供选择,并提供两种个性选装包。全新的 2.0 升缸内直喷和 1.6 升可变正时发动机,再加上双离合变速箱,动力提升的同时油耗表现也有大幅进步,同时还配备了坡道起步辅助、无钥匙进入和一键启动、盲点信息系统、SYNC 车载多媒体通讯娱乐系统弯道扭力智能分配系统、低速行车安全系统,由此看来新福克斯确实做到了全方位提升。厂家提供 3 年 10 万公里的质保期,各个 4S 店为了新车型的促销还提供了赠送保养、年检、贴膜等优惠活动。

请根据以上述案例,描述其核心产品、形式产品、期望产品、延伸产品、潜在产品是什么?填入表 5-2。

表 5-2 福特新福克斯产品层分析

产品层	福特新福克斯汽车
核心产品	
形式产品	
期望产品	
延伸产品	
潜在产品	

2) 汽车产品生命周期及策略

汽车产品生命周期,是指一种汽车产品在市场出现、发展到最后被淘汰的过程,它是汽车产品的一种更新换代的经济现象。

汽车产品生命周期实际上是产品的市场寿命、经济寿命,而不是指汽车产品的使用寿命、自然寿命。不可将汽车产品的市场寿命与使用寿命混淆起来。

任何一种产品在市场上总会经过从上市—成长—成熟—衰退这样一个过程,这就是产品的生命周期,在整个的产品生命周期中产品的销售额、成本、利润等都会有不同的轨迹,如图 5-2 所示。

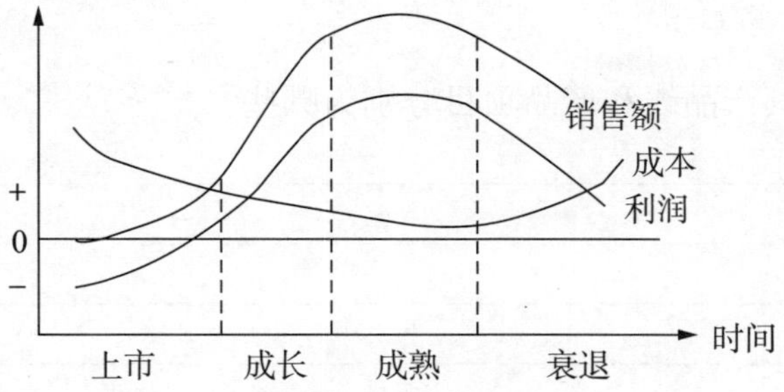

图 5 - 2 生命周期图

根据产品在其周期中的不同时段其销售额、成本、利润都有不同特点及应对策略，如表 5 - 3 所示。

表 5 - 3 不同时期特点及策略

特点		策略
上市期	• 生产批量小，制造成本高； • 广告费用大； • 产品售价常常偏高； • 销售量极为有限	• 快速掠取策略，即以高价格和高促销推出新产品； • 缓慢掠取策略，即以高价格低促销费用将新产品推入市场； • 快速渗透策略，即以低价格和高促销费用推出新产品； • 缓慢渗透策略，即企业以低价格和低促销费用推出新产品
成长期	• 销售额迅速上升； • 生产成本大幅度下降； • 利润迅速增长	• 迅速稳定产品技术，不断提高汽车质量，赢得客户的信任； • 开拓市场，完善营销网络，增加新的分销渠道，扩大市场覆盖面； • 加大广告宣传和促销的力度，扩大品牌的知名度和影响力； • 采取适当的价格策略和营销手段，抑制竞争对手，吸引老客户，开辟新客户
成熟期	• 产品的销售量虽然还会有所增加，但增长的速度趋于缓慢； • 产品销售增长率减缓的结果，使企业生产能力发生过剩，导致激烈的价格竞争，而迅速压低价格水平； • 单位产品利润下降	• 市场多元化策略，即开发新市场，寻求新用户。 • 产品再推出策略，改进产品的品质或服务后再投放市场。包括两方面，一是提高产品质量。如提高汽车的动力性、经济性、操纵稳定性、舒适性、制动性和可靠性等，创名牌、保名牌。此种策略适合于企业的产品质量有改善余地，而且多数买主期望提高质量的场合。二是增加产品的功能。如提高乘用车的观瞻性、舒适性、安全性和动力性等，使小型车高级化等措施，都有利于增加产品品种，扩大用户选择余地，使用户得到更多的效用。 • 营销组合改良，通过改变定价、销售渠道及促销方式来延长产品成熟期
衰退期	• 需求量和销售量均迅速下降； • 市场上已出现了性能或规格品种改进的新产品； • 由于销售量和利润量的持续下降，成本较高的企业就会因无利可图而陆续停止生产，该产品的生命周期也就逐渐趋于结束，以致最后完全撤出市场	• 营销策略应突出一个"转"字，即有计划，有步骤地转产新产品，如上海大众对普通桑塔纳的停产。 • 如果企业决定停止经营衰退期的产品，还应当慎重决策；是彻底停产放弃还是把该品牌出售给其他企业；是快速舍弃还是渐进式淘汰。而且应注意处理好善后事宜，应继续安排好后期配件供应，维修技术支持，以保证老产品的使用需要。否则，企业形象将会受到损害

2. 汽车产品组合策略

1) 产品组合

产品组合是指一个营销者所营销的全部产品的结构。它包括所有的产品线和产品项目。

【案例分析】

一汽奥迪品牌主导产品有乘用车和 SUV 两大系列，乘用车系列有 A4、A4L、A6、A6L 等车型，

SUV 系列有请 Q3、Q5、Q7 等车型。

请根据上述案例分析其产品线和产品项目分别为哪些?

2) 汽车产品组合策略

汽车产品组合策略是指根据企业目标对汽车产品组合的广度、深度和相容度进行决策。

(1) 扩大汽车产品组合策略

扩大汽车产品组合策略,其组合方式有三种,如表 5-4 所示。

表 5-4 组合方式

扩大汽车产品组合的广度	加深汽车产品组合的深度	加强汽车产品组合的相容度
如上海大众在扩大汽车产品组合的广度上的做法是:普桑到桑塔纳 2000 到大众帕萨特再到 POLO 等经济型乘用车	如上海大众帕萨特在其基本型的基础上,研制开发了豪华型车和变形车	如一个汽车企业的汽车产品尽可能地配套,如汽车和汽车内饰、汽车涂料等

(2) 缩减汽车产品组合策略

该策略也同样有缩减汽车产品组合广度、深度、相容度三种方式。采取缩减策略有其优缺点,如表 5-5 所示。

表 5-5 优缺点表

优　点	缺　点
· 可集中精力与技术,对少数汽车产品改进品质、降低成本; · 对留存的汽车产品可以进一步改进设计、提高质量,从而增强竞争力; · 使脱销情况减少至最低限度; · 使汽车企业的促销目标集中,效果更佳	汽车企业会丧失部分市场,增加汽车企业经营风险

因此,一个汽车企业对于某种汽车产品,在决定是否淘汰之前,应深思熟虑。

【案例分析】

福特公司曾经通过限制车型及种类、减少改型、推行低成本化措施来生产敞篷车,取得了所向无敌的成本领先地位。然而,当消费者收入水平提高,考虑二次购车时,消费者愿意花钱买有风格的、改型的、舒适的和封闭型的汽车而不是敞篷车。但福特公司还是坚持自己的理念,使得福特公司付出了极大的代价。

根据上面的案例分析福特为什么会付出极大的代价?

(3) 向上延伸、向下延伸和双向延伸策略

【案例分析】

丰田汽车在其中档产品卡罗拉品牌的基础上，为高档市场增加了凯美瑞品牌，为低档市场增加了小明星品牌。该公司还为豪华汽车市场推出了雷克萨斯品牌。雷克萨斯的目标是吸引高层管理者；凯美瑞的目标是吸引中层经理；卡罗拉的目标是吸引基层经理；而小明星的目标是手里钱不多的首次购买者。此种策略的主要风险是有些买主认为在两种型号之间(如凯美瑞和雷克萨斯之间)差别不大，因而会选择较低档的品种。但对于丰田公司来说，顾客选择了低档品种总比走向竞争者好。另外，为了减少与丰田的联系，减低自相残杀的风险，雷克萨斯并没有在丰田的名下推出，它也有与其他型号不同的分销方式。

根据上面的案例分析其向上延伸、向下延伸和双向延伸策略指哪些？

____

____

____

____

向上延伸、向下延伸和双向延伸策略的具体含义，如表5-6所示。

表5-6 延伸方式

向上延伸策略	向下延伸策略	双向延伸策略
是针对高档汽车产品的策略，是在一种汽车产品线内增加高价汽车产品，以提高汽车企业现有的声望	是针对低档汽车产品策略，是在高价汽车产品线中增加廉价汽车产品项目，目的是利用高档名牌汽车产品的声誉，吸引购买力较低的消费者，使其慕名来购买廉价汽车产品	是向上和向下同时延伸，旨在扩大汽车子市场的覆盖面。双向策略需要企业具备较强的实力，拥有雄厚的资金和强大的市场运作能力
高档市场增加了凯美瑞品牌，为豪华汽车市场推出了雷克萨斯品牌	低档市场增加了小明星品牌	低档市场增加了小明星品牌，高档市场增加了凯美瑞品牌，为豪华汽车市场推出了雷克萨斯品牌

(4) 汽车产品异样化和汽车产品细分化策略

汽车产品异样化和汽车产品细分化策略的定义，如表5-7所示。

表5-7 汽车产品异样化和汽车产品细分化策略

策略	定 义	案 例
汽车产品异样化	在同质市场上，汽车企业为强调自己的产品与竞争产品有不同的特点，避免价格竞争，尽可能地显示出与其他产品的区别，以在不完全竞争市场上占据有利地位	日系车以经济性为卖点，美、德系车以安全为卖点
汽车产品细分化	在市场细分化基础上产生的汽车产品策略。它假定市场上总存在着未满足的需求，因此汽车企业总能对同质市场作进一步细分后，寻找到未满足的需求，并进入该市场为此生产一些独特的汽车产品	奔驰的smart、城市SUV、越野车、房车

3. 汽车品牌策略

在美国乃至整个西方世界被称为“商界教皇”的汤姆·彼得斯说，“今天，品牌就是一切。所有的产品和服务提供商——不管是财务公司，还是运动鞋生产商，抑或是饭店，都在盘算着如何超越他们所经营的行当，而成为一个被赞美声所包围的著名的品牌。”

1）汽车品牌的概念

汽车品牌是指用来标志并识别某一或某些车型的符号系统。今天，品牌对于企业来讲，品牌蕴含企业核心价值、品牌体现企业经营思想、品牌是企业精神的物化、品牌反映产品技术与质量、品牌传递消费者需求。代表了企业和产品形象，用以感知、感觉和认知企业和产品的价值系统。

2）汽车品牌的意义

（1）品牌是消费选择的线索

品牌是产品的代表；品牌还是沟通供需的桥梁。

（2）品牌是汽车价值的体现

① 品牌作为产品的代表，不但代表着汽车的车型，而且代表着汽车的价值和附加价值，是汽车功能、质量、信誉和形象的综合反映，是汽车生产厂家对消费者提供的价值保证。

② 品牌还是价值连城的财富。

【案例分析】

在我国，一汽集团以“解放”和“红旗”而名扬天下，在“中国最有价值品牌研究”的年度报告中，1995年为65.79亿元，1996年为69.96亿元，1997年为72.67亿元；1998年为76.29亿元，比1997年增加了3.53亿元；年平均增长3.62亿元，既是中国汽车行业的第一名，也是中国机械行业的第一名。

3）品牌策略

（1）统一品牌策略

所谓统一品牌策略，即单一品牌策略，是指以同一品牌，统一标志不同的车型。从广告宣传的角度看，企业生产的所有车型均使用同一品牌，不但可以提高该品牌的展露度和出镜率，从而使企业的知名度和美誉度得以提高，而且可以借助该品牌的信誉和形象，来提携新开发的产品。

（2）多品牌策略

所谓多品牌策略，是指以不同的品牌，分别标志不同的车型。

多品牌策略使不同的等级、不同定位群的产品得以区分。目前，世界上更多的汽车制造商采取了多品牌的策略。例如，一汽旗下有红旗、解放、奔腾、夏利、一汽客车。

（3）品牌输出策略和品牌输入策略

品牌输出策略是一种将汽车品牌提供给外国生产厂家使用的策略。通过品牌输出，不但可以提高品牌的知名度，扩大企业的影响，而且，在相当多的情况下，品牌还可以作为一种资本，即无形资产，拥有合资企业的股权。

品牌输入策略是一种通过购买国外汽车品牌来生产自己汽车策略。通过品牌输入，借名牌行共道，为自己的汽车创造名牌效应，是世界汽车生产常用的策略。

（4）品牌专卖策略

所谓品牌专卖策略，即以开设专卖店的形式，专门销售某一品牌的汽车。品牌专卖，可以提高品牌的知名度，也可以降低品牌的对比度，使企业在汽车定价和促销策略等方面更加主动。

【想一想】

根据表中案例填写你认为合适的品牌策略，如表5－8所示。

表5－8　填写合适的品牌策略

案　例	策　略
在我国，东风公司为了"统一东风形象，方便东风用户"，从1998年1月1日起，所有出厂的载重汽车，都必须悬挂统一的"东风"标志	
有关资料表明，大众汽车集团在世界范围内就拥有奥迪、宾利、布加迪、西亚特、斯柯达、保时捷、兰博基尼、大众汽车和大众商务车等9个品牌。这些品牌几乎涵盖了全部级别的汽车车型	
1998年7月28日，德国汽车工业两大竞争对手——大众和宝马两汽车终于达成协议：宝马公司以6500万美元买下了劳斯莱斯品牌，而大众则以7.93亿美元买下了该品牌2003年之前的使用权。2003年以后，宝马拿到了劳斯莱斯"飞天女神"品牌，大众则以"宾利"为它生产的豪华乘用车命名。我国大街上如潮水般涌动的奥迪、奥拓、捷达、三菱、桑塔纳、大众帕萨特等	
上海大众4S店、一汽丰田4S店、长安福特4S店等	

小组讨论

1. 案例导入

通用汽车的产品组合策略与品牌策略

通用汽车中国公司董事长兼首席执行官墨斐表示：随着中国汽车市场的快速发展，中国已经成为全球第三大汽车消费市场，中国的消费者对于汽车产品的需求与日俱增。

处于在"金字塔"顶部的是凯迪拉克所代表的高档豪华车品牌。凯迪拉克传承其全球品牌的创新理念，以"敢为天下先"的品牌精神突围国内传统的豪华车市场，明确定位于具有胆识、远见、开拓领先的高收入消费群。个性化的Saab萨博品牌则一如其全球定位，为高档进口车消费者群中强调个性且崇尚内敛生活方式的消费者提供另一种选择。而通用汽车旗下另一进口品牌——欧宝，则以德国传统的精湛技术深受具有独特价值观的中产阶级消费者的青睐，与Saab萨博一起成为这一塔尖不可或缺的补充。

在"金字塔"的中上部，则是为主流社会精英推出的高档别克品牌，也是通用汽车最早引入国内，并最能体现"全球品牌精神如何融入本地市场"的精髓。其融合中西文化，"沉稳大气"、"积极进取"的商务车的主流形象深深扎根于国内消费者心中。它是目前通用汽车旗下在中国品牌中产品系列最丰富的一个，几乎涵盖了乘用车的所有细分市场。

立足于"金字塔"基础部分的当属雪佛兰。最新纳入上海通用汽车旗下的雪佛兰品牌定位于"值得信赖"的大众化国际品牌，以具有高度性价比的产品满足希望不断提高生活品质的主流大众消费者的私人及家庭用车需求，并以此与定位稍高的别克品牌进行区隔。而"金字塔"的底端则为上汽通用五菱旗下的五菱品牌所覆盖，五菱品牌这一中国本土品牌依托通用汽车雄厚的全球实力，立在整合国际资源，以高品质的大众微车为广大的中小型城市消费者提供优质优价的产品。

通用汽车目前在国内市场的这六大品牌个性鲜明，并分别针对需求区别明晰的不同消费对象群，从基础品牌到高档豪华品牌形成了金字塔型品牌构架。

2. 分组讨论

（1）各小组应围绕案例，充分讨论美国通用汽车在产品上，采用了何种产品组合策略，采用这种策略带来了哪些积极的影响。专业老师对各小组及组员的讨论过程进行适当的指导，各小组成员将自己的想法填入表5-9。

（2）各小组应围绕案例，充分讨论美国通用汽车采用了何种品牌策略，采用这种策略给通用汽车带来了哪些积极的影响。专业老师对各小组及组员的讨论过程进行适当的指导，各小组成员将自己的想法填入表5-9。

表5-9 讨论表

讨论表			
组长		组员	
讨论案例	通用汽车的产品组合策略与品牌策略		
讨论内容1：阐述通用公司采取的是何种产品组合策略，采用这种策略带来了哪些积极的影响？			
讨论内容2：阐述通用公司采取了何种品牌策略，采用这种策略带来了哪些积极的影响？			

3. 学习评估

指导老师根据该组的团体表现及各组员的个人表现，对其讨论过程进行评估，评估标准如

表5-10所示。

表5-10 学习评估表

内　　容	满分	得分	点评(优点及可提高部分)
1. 讲述过程流畅、声音洪亮、表情自然	20		
2. 可以结合教材及案例合理的阐述其产品组合策略	20		
3. 可以结合教材及案例合理的阐述其产品品牌策略	20		
4. 理解不同的产品组合策略所带来的影响	20		
5. 理解不同的品牌策略所带来的影响	20		

小组演练

1. 案例导入

吉利集团市场部内部会议

在情境导入环节,我们了解到,吉利集团市场部接受了一项极具挑战性的任务,那就是为集团业务下一步的发展制定产品策略和品牌策略。为此,市场部总监王林召开了一次内部会议。在会议一开始,王总监提出了自己的产品和品牌策略方案,供大家讨论。

关于集团的产品策略,他提出了两个方案:

方案1:国内目前最热门的车型是SUV,所以,应该在最短的时间内研发一款SUV车型,并在年内投放市场,并在该SUV车型基础上,延伸出不同配置的豪华款与普通款,覆盖SUV车型的每一个细分市场。在SUV车型取得较高的市场占有率后,再推出家庭乘用车产品。

方案2:在并购了世界豪华车品牌沃尔沃之后,吉利集团的市场美誉度与规模都得到了质的提升。此时,应该效仿通用、丰田、大众汽车等汽车制造商,在家庭乘用车、商务用车以及SUV车型上全面出击。在年内推出至少20款覆盖全市场的新车型。

关于集团的品牌策略,他也提出了两个方案:

方案1:在并购沃尔沃汽车之后,吉利集团的整体形象得到了很大的提升,特别是在国内市场。此时,应该将集团旗下较分散的几个品牌沃尔沃、全球鹰、帝豪、英伦等进行合并。形成"一个吉利"品牌。

方案2:吉利集团现有的全球鹰、帝豪等品牌下的产品虽然较低端,但市场声誉均不错。与同级别的车相比,也很有竞争力。所以,在并购了沃尔沃品牌之后,集团旗下的品牌线已经较齐全了,有高端的沃尔沃品牌、中低端的全球鹰、帝豪品牌等。此时,我们在恢复沃尔沃品牌的同时,应该继续巩固全球鹰、帝豪品牌的市场地位。

2. 小组演练

(1) 指导老师对全班学生进行分组,6~8人为一个小组;

(2) 每个小组推选一位组长,扮演王林,主持市场部的会议;

(3) 其他组员扮演市场部同事,对王林提出的方案进行讨论;

(4) 组长制定一名组员做好会议纪要，如表 5－11 所示。指导老师将参考会议记录的内容，给各小组评分。

表 5－11　会议纪要

会 议 纪 要	
会议地点：	
会议日期：	
参会人员：	

（会议纪要主要记录会议的重要决定、与会人员的重要发言等）

3. 学习评估

指导老师根据各组员的个人表现及其所在小组的团体表现，对其讨论过程进行评估。评估标准如表5－12所示。

表5－12　学习评估表

内　容	满分	得分	点评(优点及可提高部分)
1. 讨论过程中积极主动发言	20		
2. 理解常见的产品组合策略	20		
3. 理解常见的品牌策略	20		
4. 懂得分析不同的产品组合策略适用环境	20		
5. 懂得分析不同的品牌策略适用环境	20		

复习思考题

1. 汽车产品包括哪些？
2. 汽车产品有哪几个生命周期？
3. 汽车品牌的意义是什么？
4. 汽车产品策略有哪些？
5. 汽车品牌策略有哪些？

任务2　制定汽车的定价策略

学习目标

1. 能够掌握影响汽车价格的因素；
2. 能够掌握汽车定价的方法；
3. 能够掌握汽车定价策略。

学习内容

1. 影响汽车价格的因素；
2. 掌握汽车定价的方法；
3. 汽车定价策略。

知识准备

汽车价格是汽车市场营销中的一个非常重要的因素，它在很大程度上决定着市场营销组合的其他因素。汽车价格的变化直接影响消费者购买行为，影响市场对汽车的接受程度，还影响着汽车生产企业盈利目标的实现。因此，汽车定价策略是汽车市场竞争的重要手段。汽车的定价策略既要有利于促进销售、获取利润、补偿成本，同时又要考虑汽车消费者对价格的接受能力，从而使汽车定价具有买卖双方双向决策的特征。

1. 影响汽车价格的因素

1）汽车价格

汽车价格的构成，如图5－3所示。

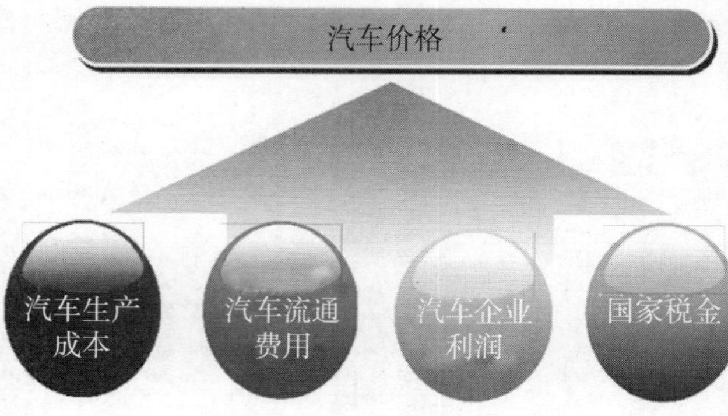

图5－3　价格构成

汽车出厂价格＝汽车生产成本＋汽车生产企业的利税

汽车批发价格＝汽车出厂价格＋汽车批发流通费用＋汽车批发企业的利税

汽车直售价格＝汽车出厂价格＋汽车直售费用＋汽车直售企业的利税

2）影响汽车定价的因素

一般来说，汽车产品定价的上限通常取决于市场需求，下限取决于该产品的成本、费用等，如图 5－4 所示。在上限和下限内如何确定价格水平，则取决于汽车企业的定价目标、生成成本、市场供需状况、政府的政策、法规和竞争同类产品的价格等主要因素，如图 5－5 所示。

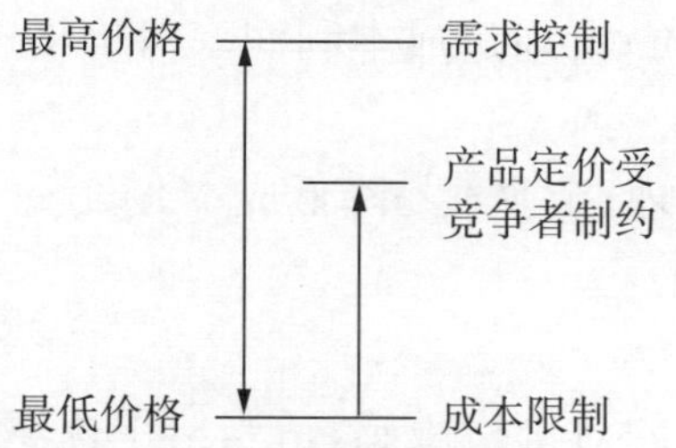

图 5－4　价格决定因素

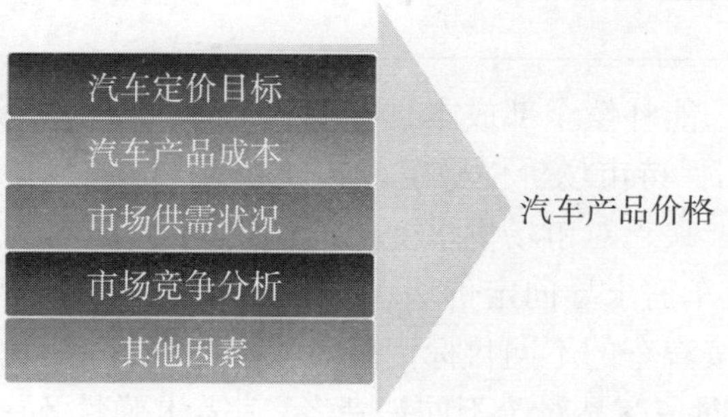

图 5－5　价格主要因素

(1) 汽车定价目标，如图 5－6 所示。

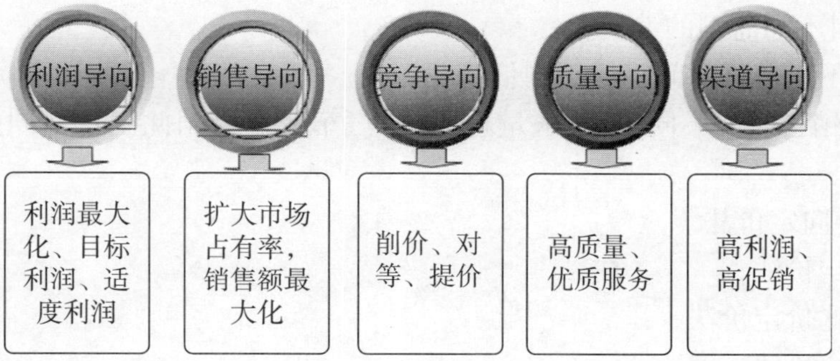

图 5－6　定价目标

(2) 汽车生产成本从长远看，任何产品的销售价格都必须高于生产成本和经营费用。因此，产品的生产经营成本决定产品价格的下限。

(3) 市场供需状况企业制定的每一种价格都会产生不同的需求水平。

(4) 市场竞争分析在由需求决定的最高价格与由成本决定的最低价格之间，企业能把价格定多高，则取决于竞争者同种产品的价格水平。因此，企业应该将自己的产品与竞争产品比质比价。

(5) 其他因素政府法规因素、社会经济状况因素、货币价值因素、企业和产品的形象因素，等等。

2. 定价方法

1）汽车成本加成定价法

在单位汽车成本的基础上，加上一定比例的预期利润作为产品的售价。

汽车加成价格＝[单台汽车成本×(1＋汽车成本利润率)]/(1－税率)

汽车成本利润率＝预期利润/总成本×100％

【练一练】

某汽车企业年预期总利润为 6 000 万元，总成本 30 000 万元，只生产某种汽车产品 2 000 台，税率为10%，汽车售价为多少？

优点：能补偿全部成本且有盈利；简便易行，可实施调价；可通过成本利润率对价格进行监督；缓解竞争，保持市场价格稳定。

缺点：缺乏对市场供求变化的适应能力；成本构成不合理；企业不易降低成本。

2）汽车需求导向定价法

(1) 按汽车的不同目标消费者采取不同价格

因为同一商品对于不同消费者，其需求弹性不一样，有的对价格敏感，适当给予优惠可诱其购买；有的则不敏感，可照价收款。

(2) 按汽车的不同花色、样式确定不同价格

因为对同一品牌、规格汽车的不同花色、样式，消费者的偏好程度不同，需求量也不同。因此，定不同的价，能吸引不同需求的消费者。

(3) 按汽车的不同销售时间采用不同价格

同一种汽车因销售时间不同，其需求量也不同，汽车企业可据此制定不同的价格，争取最大销售量。

3）汽车竞争导向定价法

(1) 随行就市定价法；

(2) 相关商品比价定价法；

(3) 竞争投标定价法；

(4) 拍卖定价。

3. 定价策略

1）汽车新产品定价策略

(1) 撇脂定价(高价策略)

高价策略即为新产品定一个较高的上市价格，以期在短期内获得高额利润，尽快收回投资。

(2) 渗透定价(低价策略)

低价策略指新产品以一个较低的上市价格吸引大量用户，赢得较高的市场占有率。

(3) 折扣折让定价策略

折扣定价策略应用较为广泛，主要包括功能折扣(贸易折扣)、现金折扣、数量折扣、季度折扣以及价格折让等。

2）针对消费者心理定价策略

心理定价策略包括声望定价策略、数字定价策略等。其中声望定价策略指利用用户仰慕名牌产品或企业声望的心理来定价的策略，往往把价格定得较高；数字定价策略则指利用用户对数字认识上的某种心理，在价格的尾数或整数或幸运数字上做文章。

3）价格调整策略

降价和提价策略一般是对市场供需不平衡的反应。其中汽车商家的降价行为和动机分为几种

情况，主要包括商家之间的“心理战术”、为新产品定价腾出空间、狂甩库存、先声夺人、明降暗升、虚晃一枪以及为销售不佳产品延续生路等。其中升价一般原因是成本上升、通货膨胀、产品供不应求、产品的改进等。

降价如果得当，定位准确，会形成短时的抢购效应，通过扩大销量增加利润。提价常常会引起购买者、经销商的不满，但成功的提价会为企业带来可观的利润。

4）地区定价策略

企业要针对不同地区客户，实行差别定价。

5）产品组合定价策略

对大型汽车企业来说，其产品并不只有一个品种，而是某些产品的组合，这就需要企业制定一系列的产品价格，使产品组合取得整体的最大利润。其分为同系列汽车产品组合定价策略和附带选装配置的汽车产品组合定价策略。

【想一想】

福特厂家为福克斯一系列的车型定价根据其配置不同分为：标准型、舒适型、豪华型等，其定的价格也不同。这样就会出现一个较低价格的车型和一个较高价格的车型，从而以低价格的车型充当价格明星吸引消费者的眼球，以高价格的车型充当品牌价格提高该系列汽车的品牌效应。福特汽车4S店则会根据其配置不同进行选装或加装配置来定价格，满足客户的需求。

在国内经济型乘用车市场上，像广州本田的飞度一样，几乎是全球同步推出的车型还有上海大众的POLO。但与飞度相比，POLO的价格要高得多。飞度1.3 L五速手动挡的全国统一销售价格为9.98万元、1.3 L无级变速自动档销售价格为10.98万元。而三厢POLO上市时的价格为13.09万～16.19万元。飞度上市后，POLO及时进行了价格调整，到12月中旬，在北京亚运村汽车交易市场上，三厢POLO基本型的最低报价是11.11万。即使这样，其价格还是高于飞度。虽然飞度9.98万元的价格超过了部分消费者的心理预期，但在行家眼里，这是对其竞争对手致命的定价。

同学们根据上述两案例分析其采用的哪几种定价策略？

____

____

____

____

____

小组讨论

1. 案例导入

长安福特对新福克斯上市采取的定价策略

万众瞩目的全新一代福克斯于2012年3月1号正式在国内发布，新车型包含2.0升GDi和1.6升Ti-VCT两个排量12款车型。不过，此次长安福特在发布会上只亮相了新一代福克斯，而最终的销售价格将在4月下旬正式公布。但各地福特4S店已经开始接受预定。据了解，目前中级车市场上的合资品牌车型，销量最大且性价比最高的区域仍然集中在11万至14万元之间，价格如超出这个区间，将触动到中高级车的价格区间，若定价过低又将显得品牌价值不够，所以，目前市场上的中级热卖车型中，主力畅销车型都在12万至13万元上下。由此可见，如果说，新福克斯要抢夺这个市场的主要份额，首先必须先将经典福克斯的价格区间下调到9万至12万元，把11万至15万元这个福克斯的黄金区间交给新福克斯来继任，厂商指导价，如表5-13所示。4月份价格出来后新车售价区间为11.99万～16.99万元。

销售量也同步增长，同时各大4S店也根据其配置不同进行选装或加装配置来定价满足客户的需求。

表5-13　不同车型的厂商指导价

车　　型	厂商指导价/万元
两厢1.6MT舒适型	11.99
三厢1.6MT舒适型	11.99
两厢1.6AT舒适型	13.09
三厢1.6AT舒适型	13.09
两厢1.6MT风尚型	13.29
两厢1.6AT风尚型	14.39
三厢1.6AT风尚型	14.39
三厢1.6AT尊贵型	15.49
两厢2.0MT豪华运动型	15.19
两厢2.0AT豪华运动型	16.29
三厢2.0AT旗舰型	16.99

2. 小组讨论

通过阅读和分析本案例后，指出案例所涉品牌汽车使用了什么定价策略。理解影响价格策略因素有哪些，掌握在竞争条件下正确使用价格策略。将讨论结果填入表5-14。

表5-14　讨论表

<table>
<tr><td colspan="4">讨　论　表</td></tr>
<tr><td>组长</td><td></td><td>组员</td><td></td></tr>
<tr><td>讨论案例</td><td colspan="3">长安福特对新福克斯上市采取的定价策略</td></tr>
<tr><td colspan="4">讨论内容1：阐述其价格的影响因素有哪些？

</td></tr>
</table>

（续表）

讨 论 表
讨论内容2：阐述其采用了何种价格策略？

3. 学习评估

指导老师根据该组的团体表现及各组员的个人表现，对其讨论过程进行评估，评估标准如表5－15所示。

表5－15　学习评估表

内　容	满　分	得　分
1. 讲述过程流畅、声音洪亮、表情自然	20	
2. 是否可以结合教材及案例合理地阐述其价格的影响因素	40	
3. 是否可以结合教材及案例合理地阐述其价格策略	40	

小组演练

1. 案例导入

吉利集团市场部吉利熊猫定价讨论会

会议一开始，市场部总监王林给大家展示了集团的中期改款车系“2013款熊猫”，该车系共有2个排量共计5款车型，如表5－16所示。

表5－16　吉利熊猫车系

排量	车　型	老款车价/万元	新款车型定价
1.0 L	手动进取型	3.89	待定
	手动精英型	4.39	待定
	手动标准型	3.79	待定
1.3 L	手动舒适型	4.29	待定
	手动尊贵型	5.39	待定

同时，王林也给出了熊猫车系的主要竞争车型比亚迪 F0 和奇瑞 QQ 的车型定价，如表 5－17 所示。

表 5－17　比亚迪 F0 与奇瑞 QQ 车型定价

品牌车型	车型	排量/L	现款车价/万元
比亚迪 F0	炫酷型	1.0	2.59
	悦酷型	1.0	2.99
	尚酷型	1.0	3.59
奇瑞 QQ	手动活力版	1.0	3.19
	手动快乐版	1.0	3.39
	手动时尚版	1.0	3.66
	AMT 巡航版	1.0	4.49

王林还指出，目前吉利熊猫的月销量大概在 2 000 辆左右，比亚迪 F0 在 6 000 辆左右，而奇瑞 QQ 的月销量在 13 000 辆左右。

最后，王林希望大家能够多方面的权衡，展开充分的讨论，在不牺牲单车利润率的前提下，给出 2013 中期改款的熊猫车系一个合理的定价，来提升吉利熊猫的市场占有率。

2. 小组演练

(1) 指导老师对全班学生进行分组，6～8 人为一个小组；

(2) 每个小组推选一位组长，扮演王林，主持市场部的会议，并最终确定本小组的定价；

(3) 其他组员扮演市场部同事，对 2013 款熊猫的各车型的定价进行讨论；

(4) 组长制定一名组员做好会议纪要，如表 5－18 所示。指导老师将参考会议记录的内容，给各小组评分。

表 5－18　会议纪要

会　议　纪　要	
会议地点	
会议日期	
参会人员	

（会议纪要主要记录会议的重要决定、与会人员的重要发言等）

3. 学习评估

指导老师根据各组员的个人表现及其所在小组的团体表现，对其讨论过程进行评估。评估标准如表 5－19 所示。

表 5－19　学习评估表

内　　容	满分	得分	点评(优点及可提高部分)
1. 讨论过程中积极主动发言	10		
2. 有明确的定价目标	10		
3. 有明确的定价方法	20		
4. 所采用的定价策略，考虑较全面	20		
5. 懂得分析定价的影响因素	20		
6. 所采用的的定价策略比较贴近市场需求	20		

复习思考题

1. 影响汽车价格的因素有哪些？
2. 汽车定价的方法有哪些？
3. 有哪些汽车定价策略？

学习情境 6　汽车制造商市场活动策划

学习目标

1. 能够认识汽车制造商市场活动策划的营销渠道；
2. 能够策划汽车制造商的市场活动。

情境导入

当前世界面临三大问题，一是能源紧缺，二是二氧化碳过度排放，三是空气污染。而这三个问题的产生与石油有着密切的关系，我国30%以上的石油被汽车消耗，这些数字还会伴随着汽车产业的快速增长而上升。我国政府为了秉持可持续发展的战略，大力支持新能源汽车的开发工作。

在这样的背景下，某汽车制造商顺应政府号召，加大资金支持大力研发新能源汽车，并研制成功，准备近期推出一款新能源车型。这款新车型有着时尚新颖的外观，强劲的动力表现，高科技的功能配置，它的成功研制在我国新能源汽车发展的道路上有着重要的意义。

汽车制造商想利用近期在成都举行的国际车展为平台，为这款新车举行新车上市发布会，可是在车展开始如何能先引起消费者们广泛的关注呢？新车上市活动又怎么策划呢？活动策划包含哪些内容呢？

任务1 认识汽车制造商活动策划的营销渠道

学习目标

能够认识汽车制造商活动策划的营销渠道。

学习内容

1. 策划的概念；
2. 汽车制造商的概念；
3. 汽车制造商策划活动的目的与特点；
4. 汽车品牌活动的营销渠道；
5. 汽车互联网营销。

知识准备

1. 策划的概念

关于策划，至今并没有一致的概念，不同学者对此都有不同的解释，根据他们的理念，我们可以认为，策划与智慧、理性、管理、手段和选择有关，策划是做事之前的科学与艺术相结合的思考和谋划。

我国营销策划专家叶茂中经过长期的策划实践，对策划提出了自己独特的理解。他认为："策划是将适合的产品用合适的方法、在合适的时间、合适的地点卖给合适的消费者的一种技巧。"策划必须是创新的、有资源的、是能达到一定预期目标的。

2. 汽车制造商的概念

汽车制造商又称汽车主机厂或汽车厂家，就是生产车辆的厂家。

消费者购买汽车基本都不与汽车制造商产生直接联系，消费者购车都是与汽车经销商洽谈购车。例如，

在中国长春的一汽大众汽车有限公司是奥迪汽车的生产厂家，即奥迪制造商，也可以称为奥迪主机厂。在北京有10家销售奥迪车辆的4S店，这10家4S店我们称为奥迪汽车经销商。

3. 汽车制造商策划活动的目的

汽车制造商（汽车主机厂）策划活动都是以品牌宣传为目的，而并不以某种单一产品的零售作为主要的活动目标，汽车制造商创造独特的品牌辨识度，在全国或者全球范围内通过有效的宣传途径为目标客户传递积极的品牌形象。通俗的说，汽车制造商策划活动的目的就是品牌沟通与宣传，让消费者认准品牌购买。

4. 汽车品牌活动的营销渠道

1）活动营销渠道、优势及特点比较

汽车品牌活动营销渠道有电视、报纸、杂志、户外、电台及互联网。6种渠道的的优势，如表6-1

所示。

表 6-1　各渠道优势表

渠　道	优　　势
电视	快速的建立知名度
报纸	帮助促销信息活动的传递
杂志	强化品牌形象及印象
户外	类型种类多，对不同的群体进行宣传
电台	好的创意通过声音传递，让消费者展开想象
互联网	与消费者互动，建立口碑及推广品牌的重要渠道

6 种营销渠道在覆盖范围、信息承载量、传播速度及灵活性这四个方面特点的表现上有些许差距，各特点比较，如表 6-2 所示。

表 6-2　特点比较

	覆盖范围	信息承载量	传播速度	灵活性
电视	★★★★★	★★	★★★★	★★
报纸	★★★★	★★★★	★★★★★	★★
杂志	★★	★★★★	★★	★★★★
户外	★★★★	★★★	★★★	★★★
电台	★★	★★★	★★★	★★
互联网	★★★★	★★★★★	★★★★★	★★★★★

5. 汽车互联网营销

从表 6-2 中我们可以看出，互联网宣传渠道各方面优势突出，而汽车行业越来越激烈的竞争，进入了微利时代，这使得汽车制造商及经销商不得不节约成本，将传统的推广渠道转向各方面都突出且最省钱的互联网。

1) 定义

互联网营销就是指借助于互联网路、电脑通讯技术和数字交互式媒体来实现营销目的的一种营销方式，尽可能地利用先进的计算机网络技术，以最有效、最省钱地谋求新的市场开拓和新消费者的挖掘。

2) 常见的互联网营销渠道

(1) 品牌或企业官方网站

所有的汽车制造商都有自己的品牌官方网站，品牌旗下的汽车经销商也都有自己的公司官方网站，这样有利于品牌及公司形象的推广。现在各汽车制造商的官方网站的信息完整度及细分化程度越来越高。

以奥迪官方网站为例，奥迪官方网站首页所示，网站中不仅包含了企业品牌理念、产品理念，还包含了奥迪所有车型的价格、配置介绍、车型设计的领先科技、金融服务、大客户及 VIP 政策、二手车服务、预约试驾服务、经销商查询服务、新闻及活动通报、常见问题解答、订车服务、留言互动，等等，如图 6-1 所示。

图 6-1　奥迪官方网站首页

(2) 微博、微信等社交平台

中国互联网目前已经全面进入了微博时代，新浪、腾讯微博和搜狐微博的注册用户总数已经突破 5 亿了，每天登录数量已经超过了 4 000 万。这类用户虽然只占中国互联网用户的 10%，但他们是城市中对新鲜事物最敏感的人群，也是中国互联网上购买力最高的人群。

所以汽车制造商及汽车经销商通过这种以关注机制分享简短实时信息的广播式的社交网络平台为品牌或企业传递价值。汽车企业通过发布内容与用户互动，用户通过评论及转发使其范围更广，以达到增加自己的知名度、树立行业影响力及号召力、传播企业价值观、汽车产品的曝光及市场推广、无处不在的客服、发现目标客户、化解危机公关等目的，如图 6-2—图 6-4 所示。

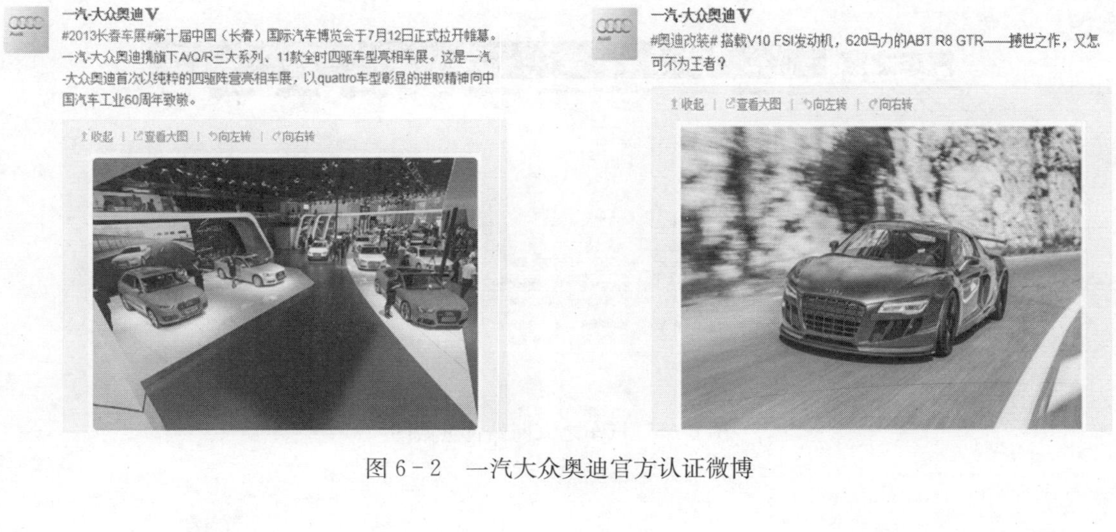

图 6-2　一汽大众奥迪官方认证微博

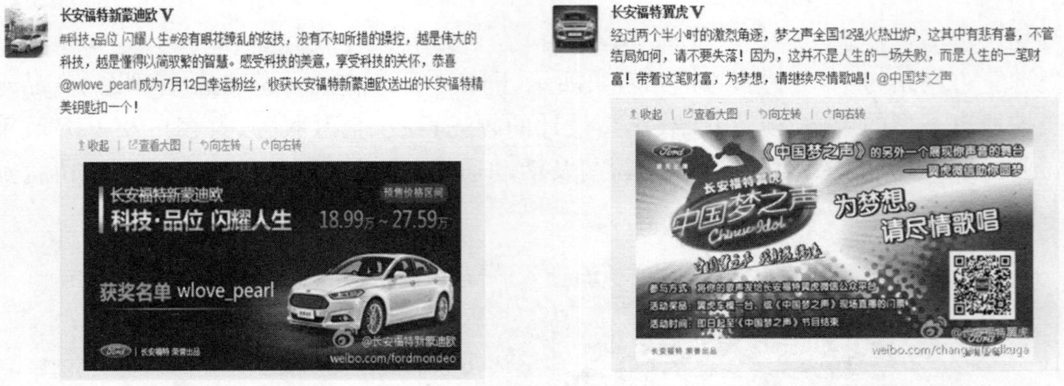

图 6-3　长安福特官方认证微博

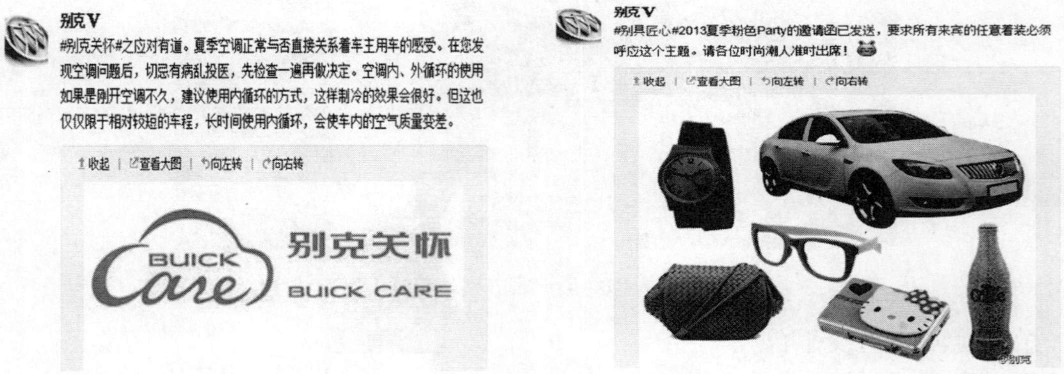

图 6-4　上海通用别克官方认证微博

(3) 汽车网站、论坛、电商、网络微电影

① 汽车网站、论坛

中国汽车网站有接近 80 个，如汽车之家、易车网、爱卡汽车网、新浪汽车等，每个网站也都有自己的论坛，如图 6-5 和图 6-6 所示。消费者喜欢浏览汽车网站及论坛的程度甚至超过汽车品牌官网，其原因是消费者在汽车网站及论坛中，能更直接的掌握自己希望了解的信息，如各车型比较、最低售价、用户感受等，这些都能为他们提供有效的帮助，这就导致了汽车品牌及企业关注汽车网站及论坛的评价，有时也会安排“枪手”及“水军”，提升自己的口碑。

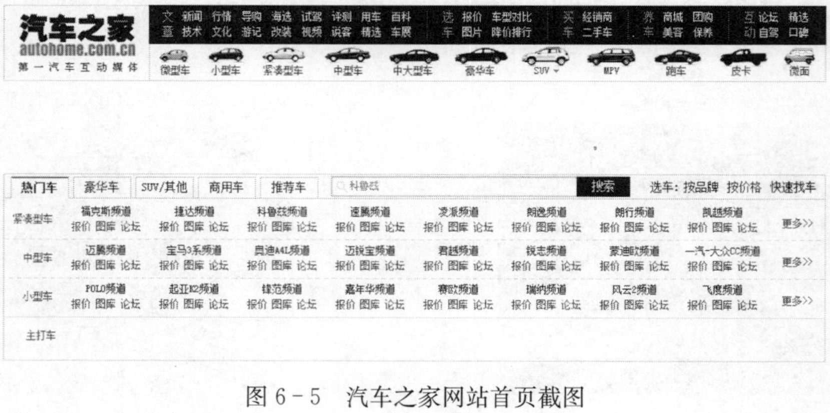

图 6-5　汽车之家网站首页截图

图 6-6　汽车之家论坛首页截图

② 电商

现在在淘宝商城不仅能买到食品、用品，还能买到汽车；在 58 同城上不但能找工作、找房子，还能找到汽车；汽车的营销渠道渐渐的渗入到了电商中，为汽车营销又找到了一个新的渠道，如图 6-7 所示。

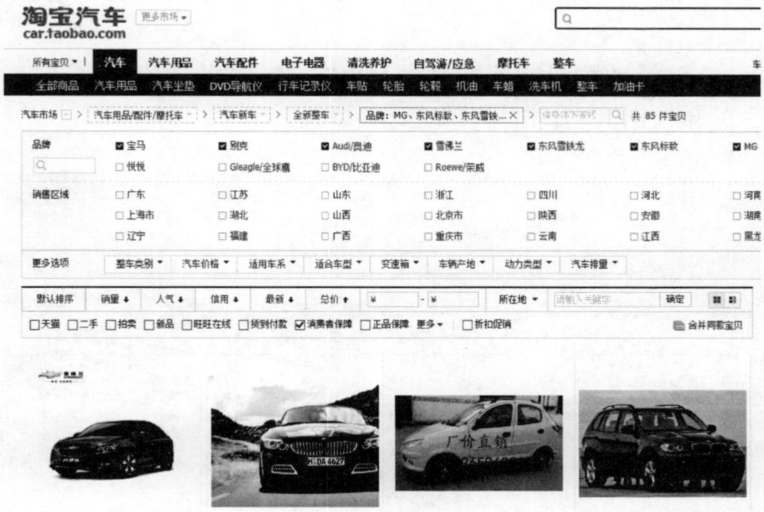

图 6-7　淘宝汽车

③ 汽车网络微电影

汽车网络微电影，是一种新颖的品牌营销新模式，把产品融入到故事情节的同时，潜移默化地把产品的性能及优势植入到观众的意识里，借此引发共鸣，增强企业品牌及产品认知度和影响力。

各品牌汽车制造商纷纷制作自己的微电影，高尔夫 R 和尚酷 R 这部微电影，将两款汽车作为整部电影的主角和线索，成功的将竞赛、游戏、帅哥美女等因素融入其中，给人们讲述四个赛车手的故事。整部影片带给受众的不只是品牌的影响力，更是身临其境的品牌体验。

在汽车微电影中较有代表性的是凯迪拉克的《一触即发》及《66 号公路》两部微电影，如图 6-8 和图 6-9 所示。由吴彦祖主演的《一触即发》堪称国内首部微电影巨作，而第二部由莫文蔚主演的《66 号公路》更是通过明星竞猜、海报发布、片场探班、预告片发布、全国首映等方式引爆了网友关注。

图 6－8 《一触即发》海报

图 6－9 《66 号公路》海报

3) 互联网营销案例

① 奔驰 smart 淘宝网团购

2010 年 9 月 9 日至 9 月 30 日，奔驰 smart 在淘宝网举行了一场疯狂的团购会，如图 6－10 所示。在活动开始 4 个小时的时间内 205 辆车就被抢购一空，这是到目前为止最快的汽车网络团购记录。

从营销角度看，这个网络团购最重要的并不是“205 辆车”的销售数字那么简单，它是一次互联网空中销售全新的尝试和运用，并且带来了成功。

图 6－10 smart 淘宝团购活动首页截图

② 大众汽车，“大众自造”网络互动

2011 年 5 月 19 日，由大众汽车品牌发起的“大众自造”网络互动平台在北京三里屯 Village 的“大众自造”体验馆举行了正式上线发布仪式，如图 6－11 所示。

这个项目是由大众汽车面向中国公众打造的一个探索未来汽车设计与制造的对话平台，是大众汽车在中国首创的网络营销手段，公众可以在这个平台上随意的发挥自己的想象力，实现自己的造车梦，如图 6－12 所示。

图 6-11　“大众自造”体验馆

图 6-12　“大众自造”活动官网截图

对大众汽车而言，推行“大众自造”项目可以树立全新的品牌形象，改变其以往过于理性的个性，让普通公众参与到大众汽车的“研制”过程，拉近了与消费者之间的距离，透露出大众品牌人性化的一面。

小组讨论

1. 提出要求

（1）6～8 名同学为一组，选出组长，以组为单位进行讨论。

（2）为情境导入中的即将上市的新能源车型举行一个征集车型名称的活动，该活动作为新车上市前的造势活动。同学们展开丰富的想象力，为造势活动提出一个能在互联网上实现宣传的创意，并填入表 6-3。

（3）组长派一名代表上台报告创意，老师完成学习评估表。

2. 展开讨论

1）新能源车型介绍

新能源车型如图 6-13 所示，这是一款没有车轮的汽车的磁悬浮汽车，它提供双人座位，可以漂浮前进，也可以自动驾驶，并通过识别人的声音开启自动导航和安全感应器。它充满未来感的造型体现了前瞻工程学和简约设计的巧妙融合，也反映出智能科技对于绿色出行理念的极大支持。

图 6-13　新能源车型

表 6-3　创意讨论表

组长		组员	
讨论内容 1：将选用哪个网站作为征集车型名称的平台？			
讨论内容 2：征集车型名称的造势活动有何创意使整个活动可以宣传范围广，活动影响大？			

2）征集车型名称活动创意表

为图 6-13 中的新能源车利用网络征集车型名称作为车辆上市前的宣传造势活动，为该活动提出一个创意，使其传播范围广，活动影响力大。

3. 学习评估

指导老师根据各组员的个人表现及其所在小组的团体表现，对其讨论过程进行评估。评估标准，如表 6-4 所示。

表6-4　学习评估表

内　　容	满分	得分	点评(优点及可提高部分)
1. 活动造势的创意性	50		
2. 活动造势是否在互联网中实现	20		
3. 活动创意的合理性	30		

复习思考题

1. 汽车制造商策划活动的目的是什么?
2. 汽车制造商策划活动的特点有哪些?
3. 汽车品牌活动有哪些营销渠道?
4. 汽车互联网营销有哪些渠道?

任务2　策划汽车制造商的市场活动

学习目标

能够策划汽车制造商的市场活动。

学习内容

1. 汽车市场活动策划方案的内容；
2. 汽车制造商市场活动的类型；
3. 汽车制造商的市场活动策划。

知识准备

1. 汽车市场活动策划方案的内容

一个完整的市场活动策划方案的设计包含以下 11 个内容，内容在策划方案中的前后次序没有限制，如表 6-5 所示。

表 6-5　方案内容解析表

内　容	解　析
背景	经过前期的调查，分析后决定策划活动的理由
活动目的/预估目标	明确策划营销活动的目的是为了促进销售、扩大影响还是两者兼备
活动对象	活动参与者的范围，包括目标客户、邀请嘉宾、合作对象、现场观众、工作与服务人员等
活动主题/方式	确定活动主题，以及活动的方式、程序、激励等
活动的时间与地点	活动的确切时间和地点，包括明确到每一时间段的安排和现场布置图
广宣	明确选择媒体、广告方式、预热时间、新闻报道、时候跟进等
工作内容安排	人员安排、物资物料的准备、试验（彩排）安排
活动执行	活动现场的控制与纪律，要求等
后续延续与效果巩固	做好活动总结、跟踪报道以及效果分析
费用预算	做到分类列项，最好的费用预算是具体到每一项子项目的费用
风险评估/意外防范/帮助或支持	对将会出现的风险做一个预测； 做好突发事件处置的预案； 需要得到帮助或支持的内容

2. 汽车制造商市场活动的类型

汽车制造商策划的品牌活动有但不限于以下项目。

1）国际级/国内A级车展，新车上市发布会

国际级车展：巴黎车展、法兰克福车展、日内瓦车展、北美底特律车展、东京车展。

国内A级车展：北京、上海、广州、重庆、成都等。

汽车厂家经常会在国际级及A级车展上发布概念车及新车的信息，这就是一种品牌及产品宣传。中国消费者习惯于在大型活动中做出购买决定，为了适应消费市场需要，各大主机厂也会为了车展提供一些特殊政策以帮助经销商提升销量及经销商的品牌形象。

2）赛车锦标赛，节油大赛等

大部分汽车厂家都有自己的赛车队，通过赛车比赛来体现自己车辆的优越性，如图6-14所示。

图6-14　赛事图

3）品牌体验日

如组织公众参观生产工厂的活动等。

3　汽车厂家的活动策划

我们结合某品牌厂家的策划案例来了解及学习汽车厂家的活动策划。

2012年8月31日至9月9日成都将举办为期10天的国际车展，某品牌汽车厂家决定参展，并在本次车展中上市一款全新车型并公布售价。为了活动的顺利及圆满的举行，某品牌汽车厂商制定成都国际车展策划案如下。

1）车展活动背景

2012年8月31日至9月9日成都国际车展开幕并举行，这是中国西部地区最具规模和影响力的车展，是中国大型A级车展之一，成都车展走过了14个年头，成为最具人气和吸引力的汽车盛会之一。

成都的汽车消费近年来持续快速增长，成都地区私人汽车保有量超过160万辆，占四川全省的50%以上。

各大汽车品牌在成都车展中销量都有大幅度的提升，本品牌2011年车展车辆销售总量较2010年有近30%的提升。本品牌成都地区的6家经销商全年汽车销售总量排名都在全国前50名，本品牌在成都品牌影响力大，经销商销售经验成熟且丰富。利用这一优势，在此次车展中上市新车并公布售价，一方面体现本品牌对该地区的重视，另一方面能保证并提高新车关注度高，能为新车上市打响第一枪。

2）展会主题

绿色科技乐驾成都。

3）参展目的及目标

（1）目的

通过参展达到宣传品牌形象，回馈大众的目的，打响新车上市的第一枪，并利用如此高关注度的车展为当地经销商提升销售业绩。

（2）目标

本次车展目标实现销售××台次，各店目标，如表 6-6 所示。

表 6-6　车展目标

经销商	目　标
A	××台
B	××台
C	××台
D	××台
E	××台
F	××台
总计：××台	

4）时间与地点

（1）车展时间：2012/8/31 至 2012/9/9(10 天)；

开馆时间：8:30—17:30；

主办方规定 8 月 31 日为媒体日，9 月 1 日至 9 日对公众售票开放。

【想一想】

该品牌新车上市发布活动放在哪天举行效果更好？原因是什么？

（2）活动地点：成都世纪城新国际会展中心，如图 6-15 所示。

5）广宣方式

（1）厂家的广宣方式

有效利用主办方平台宣传，投放报纸广告，如表 6-7 所示。

图 6－15　成都世纪城新国际会展中心

表 6－7　厂家广告宣传表

宣传方式	时间节点	途径	内　容
线上传播	8 月 10 日，15 日，30 日 9 月 3 日，9 月 8 日	网络	汽车之家，易车网四川全省网络广告投放 官方网站，微博，微信发布参展信息
		报纸	华西都市报，成都商报投放
线下活动	8 月 10 日，15 日，30 日 9 月 3 日，9 月 8 日	二网同步	8 月 30 日前，成都市所有二网店同步配备促销物料，确保车展计划的落实
		特卖会	全省经销商先于 8 月 10 日—30 日之间进行一轮展厅特卖会，提前消化潜客，轻装上阵，迎战车展

(2) 经销商的广宣方式

根据厂家标准及要求，各店自行制作车展宣传单页，并有效利用场馆外广告资源、网站新闻稿件帮助推广，宣传时注意车展前预热通稿，新闻日和展期中的专题稿件及区域促销稿件，车展后利用特卖会对各级别客户进行再消化。

6) 展位及证件

(1) 展位预定(图 6－16)

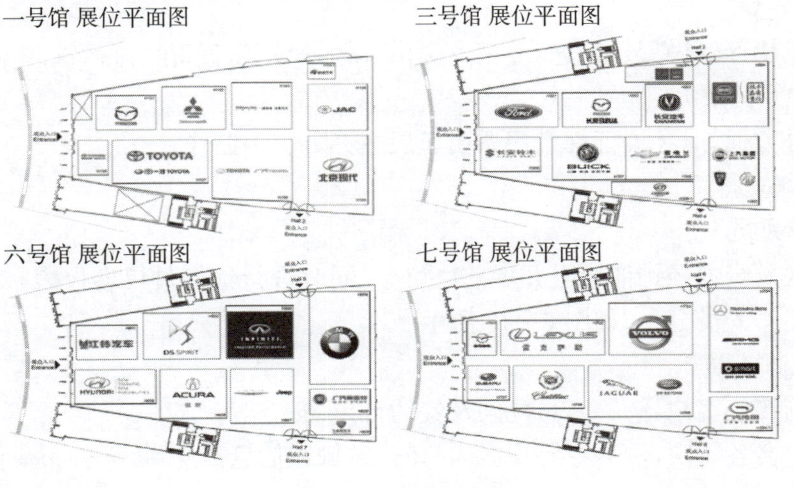

图 6－16　展位图

(2) 展台运营

① 展台设计

主题及风格：绿色环保，科幻及先进技术，如图 6 - 17 所示。

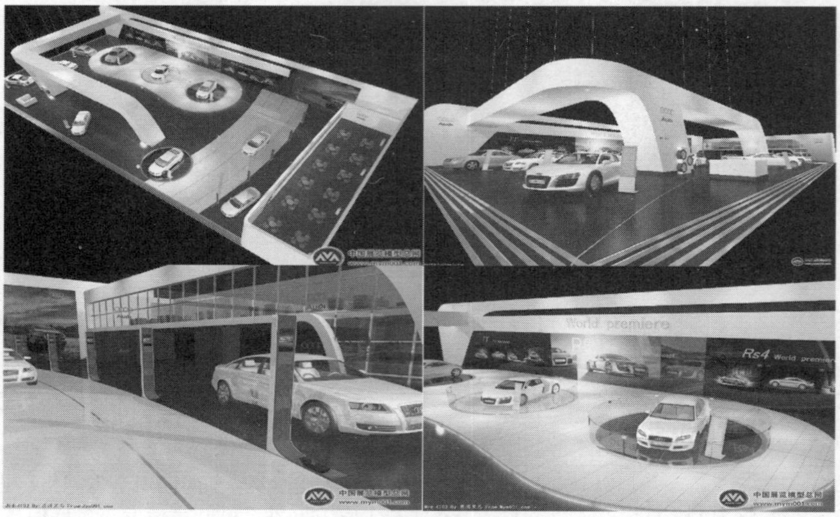

图 6 - 17　展台设计效果图

② 展台运输及搭建

③ 展台设备

DVD 屏幕、背景音乐、视频播放的内容及顺序、音响、话筒、插座及拖线板、鲜花及植物。

④ 展台清洁及展车美容，安保人员(由主办方统一安排)

地面清洁：2 人/品牌展台，全日制工作，随时确保展位清洁，及时处理展位内卫生。

车辆清洁：3 人/品牌展台，全日制工作，确保展车清洁，及时处理展车卫生问题。

安保人员：全天 24 小时轮流值班，保证车辆及财产安全。

(3) 展车及物流

① 未上市的新车型

需要未上市新车 1 辆做展示用途，主机厂提供车辆，××物流公司负责运输。

② 已上市的车型

需要已上市车辆 6 辆做展示用途，经销商提供车辆，经销商负责物流运输。

(4) 参展证件及门票办理

得到车展主办方通知，参展证件及门票由车展主办方统一制作。

7) 人员及工作安排

(1) 厂家工作人员

车展前与大区及当地经销商店召开展前协议会，同时进行销售员仪容仪表，销售技巧及危机公关等培训。厂家工作人员分工，如图 6 - 18 所示。

(2) 经销商工作人员

负责车展现场接待客户，解答客户疑问及签约订单的工作。

每天晨会和夕会各一次，例会主要功能为打气，鼓舞和信息传递，每天公布最佳销售。

(3) 演出人员

主持人/车模/表演者的确定。

图6-18　工作分工图

8）活动执行

车展现场及现场活动策划及执行流程，如表6-8所示。

表6-8　流程表

日　期	内　　容
车展开始前两天 (8月29日)	· 展台搭建完毕，所有参展车辆根据站台设计摆放到位 · 检查并调试所有设备
车展开始前一天 (8月30日)	· 上午：参展人员及经销商熟悉场地，各经销商分批次入场 · 下午：彩排
车展第一天 (8月31日媒体日 上午9:30—10:30)	8:25　所有工作人员、车模到位 9:30—10:30　新车发布会 9:25　主持人提醒发布会在5 min后开始，召集大家到展台前 9:28　主持人再次提醒并感谢大家的耐心等待 9:29　活动开始30 s前倒计时视频播放 9:30—9:35　开场舞蹈 9:35　主持人开场，介绍相关领导、来宾及有关媒体 9:40　领导致辞 9:45—9:55　由品牌有关工作人员或主持人做相关总结（包括宣传品牌理念，以往车型回顾，销售业绩，消费者对本品牌汽车的评价） 9：55—10:05　主持人介绍新车，具体内容为新车规格、尺寸、排量及最大卖点。邀请领导公布新车价格并揭幕（开启背景音乐，喷射彩带，鼓掌，领导在新车旁合影留念） 10:05—10:15　车模走秀登场到新车旁，媒体记者近距离拍照，零距离接触新车，感受新车独特魅力 10:15　针对新车型回答记者及消费者疑问环节，并发放小礼品 10:25　主持人结束语，宣布新车发布现场活动结束 10:30　模特再次走秀
车展第二至九天 (9月1日至8日)	8:25　所有工作人员、车模到位 · 全天所有工作人员做好接待工作，背景音乐及视频全天滚动播放 · 模特上午9:00—11:30　3场站车 下午13:00—17:00　4场站车 · 现场节目：唱歌及舞蹈表演、魔术、现场有奖问答等 上午10:30及下午3:00各一场

(续表)

日　期	内　　容
车展最后一天 (9月9日)	8:25　所有工作人员、车模到位 · 全天所有工作人员做好接待工作,背景音乐及视频全天滚动播放 · 模特每小时出场 20 min 展示车辆(有情景内涵的模特秀,轻松展现车型特点,让公众进一步的了解品牌及产品的特性) · 上午 10:30　现场节目:唱歌及舞蹈表演,魔术,现场有奖问答等 · 下午 3:00　开始开始撤场工作(视具体情况而定)
车展后(9月10日后)	· 市场部做好跟踪报道 · 销售部做好活动总结,以及效果分析

9）其他运营相关问题

(1) 餐饮

主办方提供工作人员午餐每人一份。

(2) 制服

各经销商公司按正装要求内部统一着装。

主持人/模特/演员/礼仪及服装,负责人:××。

10）费用预算(表 6-9)

表 6-9　费用统计表

项　目	费　用
展位租赁	××元
展台搭建,车辆运输费用	××元
主持人/车模/表演者/奖品	××元
广告宣传	××元
总计	人民币:××元

11）需要经销商配合的支持

(1) 已上市展车及物流

车展需要 6 台展车由经销商提供,明细如表 6-10 所示。

表 6-10　车型分配明细表

组别	经销商	车　型
1	A	××车型××配置××颜色车辆一辆
	B	××车型××配置××颜色车辆一辆
	C	××车型××配置××颜色车辆一辆

（续表）

组别	经销商	车　型
2	D	××车型××配置××颜色车辆一辆
	E	××车型××配置××颜色车辆一辆
	F	××车型××配置××颜色车辆一辆

【想一想】

假设我们是A经销商，我们要为这辆车展展车做些什么准备工作？

(2) 车展现场经销商值班安排(表6-11)

表6-11　经销商值班表

组别	经销商	参展日期
1	A,B,C	8月31日,9月2日,4日,6日,8日
2	D,E,F	9月1日,3日,5日,7日,9日

现场市场人员/销售及服务人员全天周到接待，产品演示讲解，有效客户信息的收集，促成成交。

(3) 车展促销方案

各经销商店制定符合本店情况的车展促销方案，形式可以多样。

(4) 部分展位租赁费用

12) 突发情况的应急措施

投诉应对：迅速引导到投诉应对人员处，不给投诉人提供在现场制造舆论的机会。

迷路小孩：报告上级主管，并不要马上移动，在周围地点寻找孩子的监护人，没有发现监护人时将小孩带到工作室并广播启示。

【想一想】

请编写拾到物品时的应对措施。

4. 汽车经销商与汽车品牌主机厂活动的关系

汽车经销商不直接参与汽车品牌厂商的活动策划，更多的是根据策划内容执行，比如在上述案例中需要经销商配合的支持就是经销商店需要做的工作。

小组演练

1. 提出要求

(1) 6～8 名同学为一组，选出组长。

(2) 以组为单位，参考上述案例中表 6-8 媒体日活动当天新车发布会的流程安排，制作一个新车发布会活动当天的策划方案，如表 6-13 所示。

(3) 表演项目及各项目负责人分工，小组内成员角色自定，角色数量自定，并根据策划方案的流程进行发布会情境演练，如表 6-12、表 6-14 所示。

表 6-12　工作分工

工作分工	负责人
主持人	同学甲
场地的布置	同学乙
节目表演	同学丙
……等各项具体工作安排	

(4) 小组自拟品牌（可以设定为奔驰，奥迪等），充分发挥想象力，课桌可以充当模拟车辆，车辆的规格小组发挥想象自定，剧本台词可参照示例或运用网络工具收集资料及素材进行编写。

(5) 每组依次上台演练，老师点评并完成表学习评估表。

2. 制作策划方案

表 6-13　策划方案

策划方案	
策划内容	

表 6-14　情境演练剧本

<table>
<tr><td colspan="2">情境演练剧本</td></tr>
<tr><td></td><td>内　容</td></tr>
<tr><td rowspan="2">剧本</td><td>
<table>
<tr><th>工作分工</th><th>负责人</th></tr>
<tr><td></td><td></td></tr>
<tr><td></td><td></td></tr>
<tr><td></td><td></td></tr>
<tr><td></td><td></td></tr>
<tr><td></td><td></td></tr>
<tr><td></td><td></td></tr>
<tr><td></td><td></td></tr>
</table>
【台词示例】
1. 主持人主持词
(1) 各位来宾,非常感谢大家耐心的等待,进口 JEEP2012 款牧马人新车上市发布会将在 5 分钟后开始!
(2) 各位来宾,我们的新车发布会即将隆重开场,请大家一起倒数,10、9、8、7……3、2、1,新车发布会正式开始(播放歌曲,开场舞蹈)。
(3) 尊敬的各位来宾、亲爱的车迷朋友们,大家上午好! 欢迎光临进口 JEEP2012 款牧马人新车上市发布会现场。今天我们非常荣幸邀请到各位尊贵的来宾及媒体朋友们,在这里我代表大众感谢各位的光临。首先请允许我为大家介绍到位到场的嘉宾,他们是:……感谢各位领导的光临。
(4) 接下来有请 A 先生(领导)上台为我们致辞,有请。
(5) 感谢 A 先生(领导)的精彩致辞,请 A 先生(领导)留步,接下来让我们有请 C 先生(领导)上台与 A 先生(领导)一起为我们揭开进口 JEEP2012 款牧马人的面纱。
(6) 请领导们留步合影。
(7) 最后再次感谢各位来宾的光临,我们的新车发布会就此告一段落,感谢各位,谢谢!
2. 介绍新车
越野利器——Jeep 牧马人
遵循 Jeep 独步全球的"全路况智驱体系"核心技术理念打造的全新 2012 Wrangler 牧马人,携全球十佳发动机和全新手自一体变速箱构成的高效能动力总成系统,集成最强四驱技术并更偏向于公路驾驶的优化底盘,以及应付一切极限环境的顶级安全技术带来不变终极四驱性能与质变舒适公路驾乘的完美平衡体验。
(1) 2012 款牧马人采用全球十佳 V6 全铝发动机,使性能更强、油耗更低、驾乘更宁静。
(2) 质变的细腻公路操控以及不变的终极四驱能力。
(3) 顶级的主被动安全系统,让一切尝试变的更有保障。
(4) 高质感的内饰、便利与舒适化装备,让你充分享受探索生活的过程。
(5) 秉承 70 年永恒经典造型展现,SUV 界中最纯粹的风格。
(6) 因二战而生与四驱鼻祖一脉相承的纯正 SUV 血统——这就是 Jeep 牧马人
</td></tr>
<tr><td>使用台词进行演练</td></tr>
</table>

3. 学习评估

指导老师根据各组员的个人表现及其所在小组的团体表现,对其演练过程进行评估。评估标准,如表 6-15 所示。

表 6－15　学习评估表

内　　容	满分	得分	点评(优点及可提高部分)
1. 策划案的完整性	20		
2. 策划案的连贯性	20		
3. 策划案的创意性	20		
4. 策划案的经济性	10		
5. 各工作人员分工明确及完成情况	10		
6. 演练效果	20		

复习思考题

1. 汽车市场活动策划方案的内容有哪些?
2. 汽车制造商市场活动有哪些类型?

学习情境 7　汽车经销商市场活动策划

学习目标

能够策划汽车经销商各类市场活动。

情境导入

截至2013年7月，全国范围内有一汽大众正式运营的经销商有将近550家、上海通用已超过540家、东风日产565家、长安福特接近475家，并且长安福特的目标是在2015年要把经销商数量增至680家。

各汽车制造商为了更多地占有市场份额，快速地增加经销商数量，使经销商的分布更密集。而作为经销商，需要同时面对不同品牌及同品牌之间的竞争，在巨大的竞争环境下，如何通过有效的策划市场活动及优质的服务来吸引消费者的关注就显得较为关键。那么汽车经销商日常市场的活动类型有哪些？如果策划这些市场活动呢？

任务 1　策划汽车经销商典型市场活动

学习目标

能够策划汽车经销商典型市场活动。

学习内容

1. 汽车经销商的定义；
2. 汽车经销商策划市场活动的目的；
3. 汽车经销商典型市场活动的类型；
4. 汽车经销商典型市场活动的策划。

知识准备

1. 汽车经销商的定义

在汽车行业内，汽车经销商是集整车销售(Sale)、零配件(Sparepart)、售后服务(Service)与信息反馈(Survey)于一体的汽车销售服务企业，俗称 4S 店。

2. 经销商策划市场活动的目的

经销商所有的市场活动的目的在于提升进店量，提高销售量，树立良好的经销商形象和经销商品牌辨识度。通俗地说，就是让消费者记住这家经销商店并在店中购买。

经销商举行日常市场活动，用独特的方式向潜在客户和车主展示自己的业务及服务范围，通过这样的活动，增加客户对经销商的了解，体验经销商企业的品牌和产品优势。

3. 汽车经销商典型市场活动的类型

按照销售或服务导向，可以把经销商市场活动分为：销售促销类活动与售后服务及关爱类活动。

1) 销售促销类活动

活动有日常展厅试驾会、展厅节假日促销活动、超值团购会、总经理接待日、金融优惠活动、车辆外展、新车上市、新增配置车型(加装的精品车)、特价车促销、特惠购车套餐专案、闭馆接待日、限时限量抢购、二手车置换活动，买车赠礼活动等。

2) 售后服务及关爱类活动

活动有车主爱车健康讲堂、免费诊断活动、自驾游、绘画比赛(车主的孩子参加)、深化保养套餐、精品升级活动、会员俱乐部等。

4. 汽车经销商销售类活动的策划

我们通过一个某品牌经销商销售类的 6 月末放价促销活动策划来了解汽车经销商销售类活动的策划。

背景：同城同品牌 A 经销商在上周举行了购车团购会，活动现场成功签订订单××个，周边其他品牌经销商店举行了特价购车活动，活动现场订单××个。本店经过1至5月的积累，保有客户中高级别的潜在客户数量偏多，为防止客户向其他店面流失，并有效降低本店新车库存，计划将在本月30日举行一场月末放假促销活动，客户邀约到店，促进成交。

1）活动主题

6月最后放价。

2）活动时间

6月30日下午14:00—17:00。

3）活动地点

展厅

4）参与部门

销售部、市场部、客户服务部、行政部

5）活动人数

预计邀请>30批次客户。

6）活动目的

促进成交，提高销量，优化库存。

7）活动形式

(1) 活动开始前5天网络发稿及报纸广告，实施电话，短信抢购预定意向车型。

(2) 活动时间为14:00—17:00，限时3小时。

(3) 销售顾问邀约客户，需将活动时间集中到14:00，保证活动现场的客流量和活动人气效果。销售顾问告知客户，活动以17:00为最后优惠时间，17:00后签订的订单客户将不享受本场活动优惠价格。

(4) 市场部将进行现场物料的布置，砸金蛋抽奖活动营造抢购氛围，并且提供到店礼、签单礼。

8）活动政策

(1) 销售政策：A车型优惠5 000元，赠送3 000元礼包，加装精品车优惠10 000元。

(2) 目标。客户邀约及订单目标，如表7-1所示。

表7-1 目标表

	邀约到店	订　单
目标	××批次	××个

(3) 奖惩政策：每名销售顾问邀约客户××批次，实到目标××批次，如未达到目标，将按照每少一批次××元进行处罚；活动当日订单目标××台/人，如未完成订单，按照××元/台处罚；完成或超额完成既定目标者在下月多奖励一天假期，并按××元/台进行奖励。

8）活动现场

活动现场布置，如图7-1所示。

9）活动分工

活动各项目分工，负责部门及各项目完成节点，如表7-2所示。

表7-2　活动分工表

项　目	负责部门	完成时间
活动方案	市场部	6月26日
前期宣传	市场部	6月26日—6月30日
现场布置	市场部	6月29日
客户邀约及促成客户成交技巧培训	销售部	6月25日前
客户短信/电话邀约	销售部、客户服务部	6月30日前
糕点饮料准备	行政部、客户服务部	6月29日

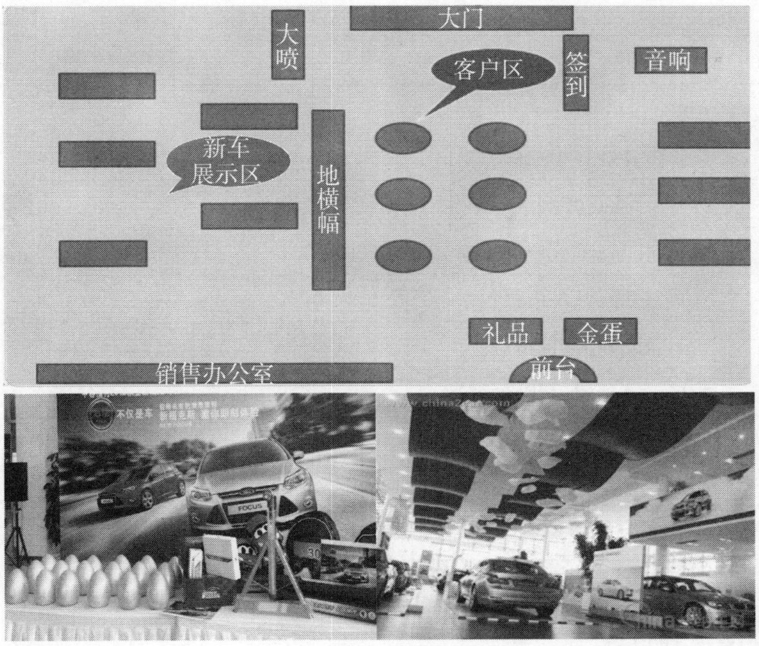

图7-1　活动现场布置示意图

10）活动流程

活动流程安排，如表7-3所示。

表7-3　活动流程安排表

时　间	项　目	负 责 部 门
13:00—14:00	客户签到，领取签到礼品	客户服务部
14:00—17:00	糕点冷饮区	行政部及客户服务部
14:00—17:00	客户接待，洽谈、订单	销售部销售顾问
14:00—17:00	客户订单后参与抽奖	市场部
17:00	活动结束	所有人员共同完成展厅整理工作

11）费用

各项目费用明细，如表 7－4 所示。

表 7－4　费用明细表

项　目	内　容	单价	数　量	合　计
现场物料	桁架大喷	××	××	××
	地横幅	××	××	××
	充气拱门	××	××	××
	X 展架	××	××	××
	车顶牌	××	××	××
糕点		××	××	××
饮料		××	××	××
音响租赁		××	××	××
金蛋备用		××	××	××
常态礼品	布娃娃等小礼品	××	××	××
运费	运送音响		××	
礼品准备	到店礼品(车载便利袋)	××	××	××
	抽奖一等奖(时尚背包)	××	××	
	抽奖二等奖(警示灯)	××	××	
	抽奖三等奖(车载吸尘器)	××	××	
	纪念奖(钥匙扣)	××	××	
	订车礼(摄影卡)	××	××	
合　计：				人民币××元

12）风险评估

(1) 邀约来店数未达到目标。

(2) 低价放出后，销售量能否达到预期，后期价格回收恐造成回收难的局面。

【想一想】

给以上两个风险各想一个解决办法。

13）活动总结与后期宣传

活动结束后，由销售部经理对本次活动进行总结汇报。市场部利用在公司网站及会员俱乐部中发布照片及软文等形式，对活动再次宣传。

5. 典型售后服务及关爱类活动策划

我们通过两个案例来分别了解售后服务及关爱类活动策划。

1）售后服务类活动

背景："十一"长假即将来临，长假期间高速公路实行免过路费，许多车主会选择自驾游。安全出行将作为本次活动的主题，邀请客户在出游前回店进行免费安全出行检查。

（1）主题：长假安全出行免费诊断活动及促销。

（2）目的：关爱客户，并提升进厂台次，实现环轮零件的销售，完成年初制定的目标任务。

（3）活动时间：2013 年 9 月 15 日—2013 年 10 月 15 日。

（4）活动参与部门：售后服务部、客户服务部、配件部、财务部、市场部。

（5）活动总控：服务经理。

（6）活动事项

① 促销组合套餐，如表 7－5 所示。

表 7－5　组合套餐表

组合套餐	工时优惠金额
前/后制动片＋制动保养	工时 8 折
制动保养＋燃油添加剂	××元
保质置换 DVD	原车音响最高置换价为××元

② 工作内容及要求，如表 7－6 所示。

表 7－6　各岗位工作内容及要求表

部门	岗位	培训项目/工作内容	备注及要求
售后服务部	服务顾问	熟记所有车型常用的材料费和工时费及促销组合套餐的内容	服务顾问在接待时根据客户的需求结合客户的历史维修建议和维修记录来进行合理的推荐
	服务经理/技术总监	对售后、客户服务部进行 DVD 系统功能的培训	让每个人都能够掌握 DVD 系统的特性和使用功能。
	车间技术总监	对免检的项目以项目的要求进行培训；重点对底盘安全件的检测进行培训	车间质检必须做到 100%，每天晨会宣讲前一天车间质检方面存在的问题及解决方案；车间技术总监每周一对上周活动进行书面总结，并交到服务经理处
配件部	库管	—	对缺件的配件及时进行补充和做好待料登记；对待料登记的配件及时的跟进
客户服务部	回访专员	活动对象的邀约	在 DMS 系统中历史维修建议项目符合本次活动内容的客户对其电话邀约
市场部	市场专员	活动推广工作及活动结束后的报道	对现场客户进行现场调查
财务部	收银	活动客户(套餐)进行优惠折扣的费用	服务经理签字的形式来确认优惠用户后方可费用结账，并做好相应的登记

（7）活动总结。活动结束后，服务经理对本次活动做总结汇报及效果分析。市场部利用在公司

网站及会员俱乐部中发布照片及软文等形式，对活动做跟踪报道。

2）关爱类活动

背景：第二季度购车客户对养护车辆知识的兴趣较高，并且在使用一段时间后，会有一些疑惑，需要专业人士帮助解答。

（1）活动主题：车主爱车健康讲堂。

（2）活动目的：更好的维系与客户之间的感情，提升客户满意度。

（3）活动时间：7月28日，下午1:30至4:00。

（4）活动地点：公司培训室。

（5）活动对象：××年3月至××年6月的新购车客户。

（6）活动形式：向客户讲解爱车养护知识，正确使用新车和问题解答。

（7）邀约目标：保有客户××批次（凡参与此次爱车讲堂的车主均可获得200元工时券。（售后提供），另安排2位工作人员作为客户，以解决现场参与人员配合度不高出现冷场的救场问题。

（8）活动流程、各项目负责人及负责内容安排，如表7-7所示。

表7-7 活动流程表

时间	负责人	内　容
1:30—1:50	客户服务部××	客户签到
1:50—2:10	市场部××	主持人暖场并开场（介绍销售部、售后部、客户关心中心的第一负责人给客户认识）
2:10—2:40	服务经理/技术总监	用车小常识及爱车养护知识（讲课人员提前制作好PPT）
2:40—3:00	市场部××	互动游戏及提问（准备问题邀请两名客户回答，奖品：车模两个）
3:00—3:15	市场部××	抽奖环节（两个大奖，奖品：润滑剂各一瓶）
3:15—3:35	售后部××	现场换轮胎演示（由一位维修技师演示，人员及场地由负责人安排）
3:35—4:00	服务经理/技术总监	客户自由交流或问题解答

（9）活动现场布置、工作安排及预算

① 活动现场布置、工作安排及完成节点，如表7-8所示。

表7-8 活动现场安排表

内　容	负责人	完成时间节点
桌椅摆放	客户服务部××	28日11:00前
笔记本电脑及投影仪	行政部××	28日13:00前
横幅、数码相机（活动现场照片拍摄）	市场部××	28日13:00前
水果、饮料、甜点、纸杯	客户关系部××	28日12:00前

② 各部门或工作人员工作内容及项目安排，如表7-9所示。

表 7-9　人员工作安排表

负责内容	负责人/部门	具体工作项目
邀约及活动现场的布置	客户服务部××	8月20日～26日电话邀约客户 活动现场的布置
宣传及活动现场的布置	市场部××	8月20日～26日公司网站活动宣传 “××新车爱车讲堂”横幅的制作 活动现场照片拍照，活动现场的布置 活动结束后的宣传(软文等)
讲堂讲课	服务经理/技术总监	正确讲解爱车养护知识及用车小常识
全程协助	客户服务部	客户接待，茶点饮料的购买，现场布置
活动总负责	客服经理	总控

③ 各费用支出的部门及费用预算，如表 7-10 所示。

表 7-10　费用预算表

支出部门	项　目	数　量	费　用
客户关系部	茶点	60 人份	××元
	水果，饮料	60 人份	××元
	短信及电话		××元
市场部	横幅	1	××元
售后部	工时券	30	××元
	润滑器	2	××元
总计：人民币××元			

(10) 活动总结与后期宣传。活动结束后，客户中心对本次活动做总结汇报及效果分析。市场部通过公司网站、汽车网站及会员俱乐部中发布照片及软文等形式，对活动做跟踪报道。

小组演练

1. 提出要求

(1) 6～8 名同学为一组，选出组长，组长带领组员，小组讨论策划一次“新车型试乘试驾活动”(可参考“任务 1”中的案例)。

(2) 组长带领组员按照活动策划表中的提示讨论各项内容，并指派一名组员记录讨论结果，将策划内容填入表 7-11。

(3) 场地已事先挑选完毕，根据场地特性，挑选项目后安排试驾活动。同学们充分发挥想象力，可以运用网络工具参考及收集素材等，如图 7-2、图 7-3 所示。

(4) 每组派代表上台汇报策划方案，学生及老师点评，并完成学习评估表。

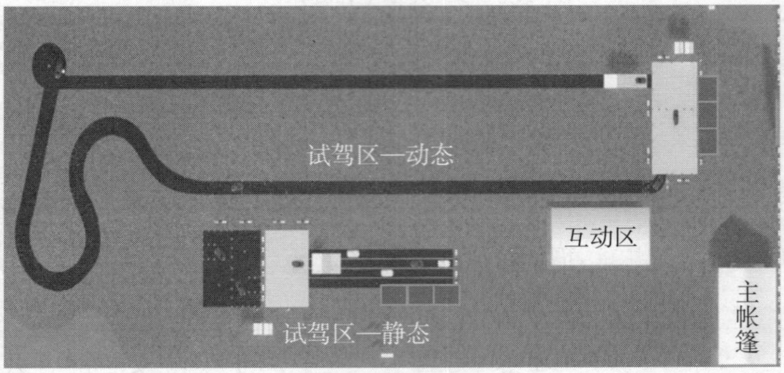

图 7-2　试驾场地一览图

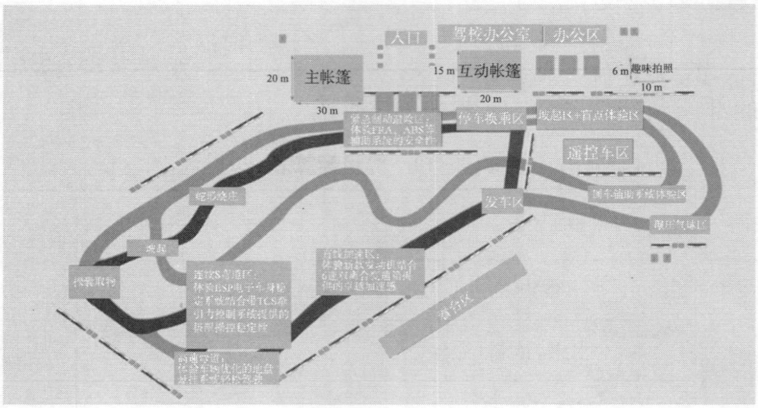

图 7-3　试驾场地分解图

2. 编写策划案及汇报

表 7-11　活动策划表

活动策划案	
	1. 试乘试驾背景： 新车型上市，这是一款双离合的运动型乘用车，上市前该车型的关注度极高，为了获得消费者的认可，打消消费者对新车型的疑虑，根据运动车型的特性，组织一次试乘试驾活动。 2. 活动主题："乐享试驾" 3. 活动时间： 4. 活动对象及邀约目标： 5. 试驾场地：

(续表)

活动策划案	
	6. 邀约方式： 7. 试驾项目(互动游戏)： 8. 预算： 9. 活动流程： 10. 各工作人员分工：

3. 学习评估

根据策划方案进行评估，评估内容如表 7－12 所示。

表 7－12　学习评估表

内　　容	满分	得分	点评(优点及可提高部分)
1. 活动方案的完整性	20		
2. 活动方案的创意性	10		
3. 各工作人员分工明确度	20		
4. 活动方案的可执行性	20		
5. 活动方案的经济性	10		
6. 活动方案总体评估	20		

复习思考题

1. 汽车经销商策划活动的目的是什么?
2. 汽车经销商典型市场活动有哪些类型?

任务2　策划汽车经销商特殊市场活动

学习目标

能够策划汽车经销商特殊市场活动。

学习内容

1. 汽车经销商特殊市场活动的类型；
2. 汽车经销商特殊市场活动的策划。

知识准备

1. 汽车经销商特殊市场活动的类型

这类活动不是随时都能策划举行的，由于活动主题的限制，举行的频率较低。例如，展厅开业、展厅周年庆、展厅新车上市会、植树节活动、六一家庭亲子活动、情人节活动、教师特购会、圣诞节活动、迎新春联谊等。

2. 汽车经销商特殊市场活动的策划

我们结合某品牌经销商店的周年庆活动来了解特殊市场活动的策划：

1）活动概况

活动概况具体描述，如表7－13所示。

表7－13　活动概况描述表

背景	2012年12月是公司开业周年纪念，为快速提升销售订单，完成全年销售计划，故策划公司周年庆活动。销售顾问邀约高级别潜客到店促进成交，快速提升当月订单，确保完成年底冲量
主题	××公司1周年庆重磅出击，盛“惠”空前
公司周年六重礼	1. 来店试驾即送代金卷； 2. 购车(指定车型)即送全球定位DVD系统＋延长质保； 3. 购车(指定车型)即送购置税＋200L汽油＋延长质保＋一年保养； 4. 购车(指定车型)优惠25 000元还送延长质保＋一年保养； 5. 当月生日购车即送原厂车模一个； 6. 二手车置换获赠价值2 180元摄影礼包
地点	公司展厅
时间	活动举办日期12月1日(前期宣传11月20日—11月30日)
对象	高级别意向客户、潜在客户
活动宣传	单店邀约高级别潜客、网络集客、外拓集客、促销

2）活动目标

邀约来店客户：××批次

成交台数：××台

3）活动流程

举办活动当天流程及项目，如表 7－14 所示。

表 7－14　活动流程表

时　间	时长	活动项目	内 容 简 述
14:00—14:30	30	客户签到	引导参与活动的客户签到后入座
14:30—14:35	5	开场	主持人开场，感谢客户，介绍领导，介绍本次活动
14:35—14:40	5	领导致辞	
14:40—14:45	5	车型介绍	内训师简单介绍车型亮点
14:45—14:50	5	提问环节	对于介绍的车型，主持人提问(2 题)，并给回答问题的客户发纪念品
14:50—15:00	10	歌伴舞	女声独唱，歌伴舞
15:00—15:05	5	活动开始	销售经理宣布活动开始，并宣布当日订车优惠活动
15:05—16:50	105	车辆介绍、商谈、订车	销售顾问对应各自客户
16:50	—	活动结束	活动结束、领取礼品

4）广告宣传

活动前期宣传及后续报道的计划表，如表 7－15 所示。

表 7－15　宣传计划表

	宣传方式	投放媒体/位置	投 放 频 次
前期宣传	短信(图 7－4)	公司保有客户、公司周边区域客户	11 月 20 日、11 月 23 日、11 月 26 日、11 月 29 日
	网络	公司网站、微博、汽车网站	11 月 22 日、11 月 25 日、11 月 28 日
	单页(图 7－5)	公司周边区域客户	11 月 20 日至 11 月 30 日
	报纸	当地影响力较大的报纸	11 月 21 日、11 月 25 日、11 月 29 日
后续报道	网络软文	公司网站、微博、汽车网站	11 月 27 日、11 月 29 日

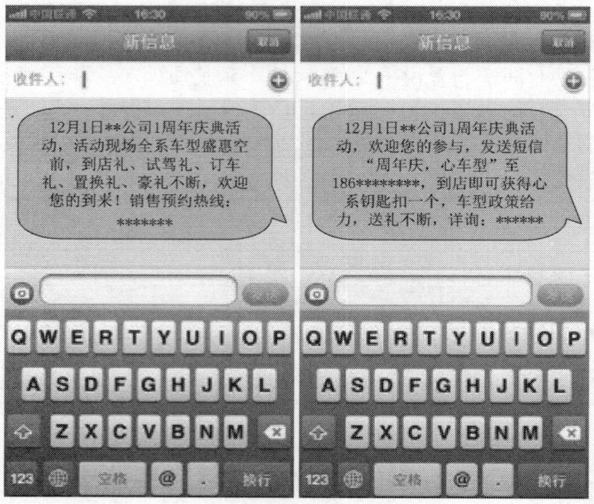

图 7－4　短信模板

图 7-5　宣传单页

5）预算

活动中所用物料的清单及预算，如表 7-16 所示。

表 7-16　预算清单

大　类	细　类	数　量	规格及材质
广宣物料	X 展架	2	80×180
	DM 单页	3 000	A4 单页
	台卡	10	铜版纸
	车顶架	5	0.95×0.45KT 板
	销售店外横幅	1	气氛烘托
	背景板	1	周年庆背景板
礼品	代金卷	50	—
	原厂车模	5	—
	2 180 元摄影礼包	30	—
食品	水果	100	新鲜水果
	点心	300	各类面包、蛋糕等
	饮料	100	奶茶、冰红茶、酸牛奶等
其他活动物品	地毯、音响	1	活动当天
	歌伴舞演员	4	活动当天
总计：人民币×××元整			

6）工作安排

工作安排及各部门分工，如表 7-17 所示。

表 7-17　工作安排及分工

时　间	项目	负责	内　　容
11月20日—11月30日	活动物料准备	市场部	物料、报广模版设计制作
		市场部	活动软文宣传
	客户邀约	销售经理	销售部务必邀约客户(高级别潜在客户＋意向客户)
		销售部	带领销售顾问或售后员工进行外拓发 DM 单,邀约潜在客户参加活动
11月20日—11月30日	活动宣传	市场部	报广、单店网络平台、集团网络平台、短信等上发布活动信息
12月1日	活动开展	客户关爱中心	活动当天道具、礼品、点心、水果等物料准备
	展厅布置	销售部/市场部	展厅内活动气氛布置
12月3日	活动后续报道	市场部	进行活动后报道(软文)
12月6日	总结	市场部	对活动进行总结分析,针对不足制定下步活动方案

7) 活动培训计划

为了专业化的接待及提高成交率,要求活动前对销售部进行培训,培训计划如表 7-18 所示。

表 7-18　培训计划表

培训项目	培 训 内 容	培训日期	讲师	培训人员
邀约客户	针对市场部短信平台群发短信,客户会来电咨询,对前台接待进行活动内容及客户电话应对技巧培训(电话中不透露过多的活动信息,以邀请客户来店参加为主)	活动前	内训师	销售顾问、前台接待
	针对电话邀约意向客户的方式进行话术培训,通过告知客户所有优惠只在当天活动现场为重点。相关话术要求:电话不透露活动内容,强调电话中不报价			
现场话术	针对来店参加活动的客户,通过现场的活动氛围,培训销售顾问如何去促进客户成交,强调本次周年庆活动的重要性以及客户邀约的到位率	活动前	内训师	销售顾问

8) 活动总结

活动结束后,销售经理对本次活动做总结汇报及效果分析。市场部通过公司网站、汽车网及会员俱乐部中发布照片及软文等形式,对活动做跟踪报道。

小组演练

1. 提出要求

(1) 6～8 名同学为一组,选出组长。

(2) 参考上述案例,制作一个特殊市场活动方案,活动主题不限(如“狂欢圣诞节”等),小组讨论后制作完整的方案填入表 7-19 中。制作剧本时同学们可以充分发挥自己的想象力,课桌可以充当模拟车辆，可以运用网络工具参考及收集素材等。

(3) 每组派代表说明自己的方案，老师点评，同学们共同选出最优方案。全班按照最优方案组织一次主题班会活动。

2. 进行策划并实施

表 7 - 19　策划方案表

策　划　方　案	
策　划　内　容	
	活　动　实　施

3. 学习评估

根据策划方案及活动效果进行评估，评估内容如表 7 - 20 所示。

表 7 - 20　学习评估表

内　　容	满分	得分	点评(优点及可提高部分)
1. 活动方案的完整性	20		
2. 活动方案的创意性	10		
3. 各工作人员分工明确及完成情况	20		
4. 活动方案的可行性	20		
5. 活动方案的经济性	10		
6. 活动效果	20		

复习思考题

汽车经销商特殊市场活动有哪些类型?

代　跋

实施 EIS 平台战略　建立教产合作长效机制

——在教育部全国机械职业教育教学指导委员会委员扩大会议上的讲话

邹晓东　博士

教育部全国机械职业教育教学指导委员会产教合作促进与指导委员会　主任委员

上海中锐教育投资(集团)有限公司　董事　总经理

中锐教育集团是总部设立在上海的教育投资、教育管理和教育服务机构，成立于 1996 年，迄今已有 17 年办学历史。我们先后投资兴办了多种不同类型的学校，包括无锡南洋职业技术学院、新加坡南洋现代管理学院、苏州外国语学校、合肥外国语学校，还有专门为在华外籍人士子女开设的伊顿国际学校等比较知名的学府。还与政府合作开发、建设教育园区，如占地近 4 平方公里的苏州高教园区、上海中锐教育港等。职业教育是中锐教育集团的核心和龙头。我们始终在研究如何为经济与社会发展提供更好的教育服务，如何为重点产业发展提供更有力的人才支撑。2007 年，中锐教育集团投资并创立"华汽教育"品牌，首先在汽车职业教育领域探索、实践，并取得阶段性的经验和成果。

把我们这几年的经验进行归纳，可以总结为以下三句话："建立岗位人才标准、实施平台战略、落实两个支撑"。

首先，建立岗位人才标准。五年来，我们与大型汽车企业一起研究、开发和制订企业岗位人才标准，并将岗位标准导入职业教育的教学标准，以此为基准构建标准化的人才培养体系，包括符合行业和企业需求的人才能力模型和培养标准、符合教育和认知规律的培养计划和课程、立体化的教材、课件、仿真软件系统、师资标准和认证，以及企业级的校内实训中心建设，组织开展独具特色的全国性学生技能大赛，等等。我们每年举办的"华汽教育教学研讨会"，已经成为中锐与全国合作企业、合作院校共同推动定标、贯标、教改、课改的一种有效机制和传统。部分企业岗位标准正在上升为行业标准。

实施 EIS 平台战略。我们将汽车职业教育利益关联的若干特定群体，包括教育者和供给者(院校)、学习者(学生)、使用者(企业)等，联结在"华汽教育"的平台上并促进其交流和互动；今天，该平台上已经有全国 40 所高职院校、50 家全国性的大型汽车企业集团(我们牵头创建了 50Club 全国汽车企业人力资源发展联席会议)，而为学习者提供职业发展和终身教育服务的"中锐汽车人才网"则联系着数万名在校生和几十万名在职学习者。"共同办学、共同育人、共同投资、共同发展"，办学规模和办学质量不断提升，"华汽教育"全国院校已经成为我国汽车行业高素质高技能人才输出的重要平台。

EIS 平台正在继续纵深发展：2013 年，我们与中国最大的汽车集团之一的庞大集团、合资设立的大型培训基地——河北庞锐汽车商学院已经开学，该基地专门为全国院校汽车专业高年级学生提供 3～6 个月岗前培训和向大型企业集团规模输出高素质高技能毕业生，预期年培训 1 万人次。

2013年，专门为中职院校和中职学生量身定制的“优卡曼”项目也正式推出，首批12所院校已签约。我们将紧抓岗位标准、全面升级和推出第三代华汽课程体系；在全国100所高职或中职院校投资建设实训中心；与汽车行业共同打造三到四个大型、区域性培训基地，全面对接大型汽车企业集团的全国布局和人才需求。

落实两个支撑，即教育国际化和教育信息化。中锐教育集团在1999年就获得了教育部颁发的全国首批出国留学服务资质，14年来，在帮助数以万计的学子出国深造的同时，也积极开展国际教育合作，持续学习、借鉴、引进国际先进教育资源、先进教育理念和方法；在汽车职业教育领域，重点学习和借鉴德国双元制职业教育模式和美国社区学院的学历衔接模式。同时，我们深刻认识到教育信息化，既是手段，也是目的；2012年7月，中国第一家专业研发汽车仿真实训软件的沈阳敏捷科技公司整体加入中锐教育集团；2012年10月，“华汽教育全国院校教研平台”建设项目正式启动；2012年12月，“华汽教育中央演播室”建设项目正式启动。

尽管在探索的过程中还有诸多亟待进一步完善之处，但中锐教育集团的不懈努力，得到社会各界，包括企业和院校、家长和学生们的共同认可。2010年12月13日，教育部副部长鲁昕女士亲自为中锐教育集团与辽宁装备制造职业技术学院共建的“中锐汽车学院”揭牌。2010年10月11日，中锐教育集团荣获“全国汽车行业示范职教集团”称号；2011年，中锐教育集团又先后荣膺“全国商业服务业校企合作与人才培养优秀企业”和“全国服务外包人才培养校企合作贡献奖”；2011年，共有11名华汽教师获得“全国教师教学能力竞赛”大奖，全国高职高专校长联席会李进主席和教育部职成司领导专门为华汽教师颁奖并祝贺。2012年4月，中锐教育集团举办第二届“中锐杯”全国职业院校汽车专业学生技能大赛，参赛院校134个，规模空前。2012年12月，中锐教育集团荣膺“新浪教育盛典全国最具品牌知名度职教集团”。

我国正处于发展实体经济和发展职业教育的最佳时期。中锐教育集团将继续努力，将“华汽教育”教产合作平台模式从规模、范围、质量、效益等多个维度上推向新的高度；借鉴“华汽教育”已取得的教产合作经验，中锐教育集团将为社会、行业和院校奉献更多的优秀产品和服务。

2013年4月13日

中锐教育集团与上海通用汽车公司签订ASEP合作项目

中锐教育集团与上海大众汽车公司签订SCEP合作项目

中锐教育集团引进德国AHK职业教育项目

《东方卫视》现场采访与中锐教育集团合作的德方负责人Jan Noether 博士

中锐教育集团与南京依维柯汽车公司签订战略合作协议

中锐教育集团与中国汽车工业国际合作总公司签订人才合作协议

中锐教育集团成功承办“2011年教育部全国高职高专第二届汽车系主任论坛”

中锐教育集团成功举办“2012中国上海·职业教育合作高峰论坛”

中锐教育集团成功承办“2013年全国机械职业教育教学指导委员会扩大会议”

中锐教育集团连续举办“中国汽车经销商企业人力资源发展联席会议”

中锐教育集团牵手全国排名第一的大型汽车企业一庞大汽贸集团共建庞锐汽车商学院

中锐教育集团每年举办“全国华汽教育教学工作研讨会”

中锐教育集团每年举办“全国华汽教育师资培训”

中锐教育集团华汽学子自主研制“中锐1号”赛车参加“第三届”中国大学生方程式汽车大赛

中锐教育集团成功举办“2011年全国高等学校汽车专业学生职业技能大赛”（江西南昌）

中锐教育集团成功举办“2012年全国高等学校汽车专业学生职业技能大赛”（江苏南京）